에세이 / 단편소설

인생!
그냥 사는 거야!

전설 지음

도서출판 디자인21

인생!
그냥 사는 거야!

전설 지음

머리말

전박사의 살며 사랑하며 1, 2에 이어 역시 현대를 살아가는 우리네의 삶을 잔잔하게 그리고자 노력했습니다. 각박한 세상을 살아가면서 우리가 느끼게 되는 삶의 희노애락을 더함도 덜함도 없이 가감없이 그려내면서 우리의 삶에 대해 다시 한 번 돌이켜보고자 했습니다. 무더운 여름이 지나고 가을을 맞이하는 요즘, 그래도 무덥긴 했지만 더운 여름의 햇살이 지나고 보니 너무나 다정스럽고 그리운 것은 아마도 지나간 것에 대한 간절한 그리움 때문일 것입니다. 우리도 하루하루 어떻게 살아가는 줄도 모른 채 일하고 밥먹고 잠자리 들었다가 다음날 다시 일어나 출근하는 반복된 일상에서 심지어 나 자신에 대해 한 번도 돌이켜보지 못한 채 그냥 쳇바퀴 안에서만 살아가는 것이 아닌가 그런 생각을 해봅니다. 굳이 바쁘다는 핑계로 서로의 안부를 물으려하지 않고, 온라인 상에서 또는 핸드폰 카톡에서만 형식적인 인사로 삭막하게 살아가는 현재의 삶을 바라보며 어떻게 하면 좀 더 행복하게 살 수 있을까 많은 고심을 하게 됩니다. 누군가가 나한테 다가오기만 기다리지 말고 조용히 먼저 다가가 안녕하세요?라고 먼저 말을 건네며 손내밀기를 하면 어떨까 생각해봅니다. 물론 쉽지는 않겠지만 조금이라도 이 각박한 세상을 행복하게 살 수 있는 비결은 먼저 손을 내밀면서 상대에게 관심을 갖고 안부도 묻고 행복해지고자 노력하는 작은 발걸음이 결국 나 자신의 삶도 아름답고 좀 더 윤택하게 만드는 지름길이라고 생각합니다. 아파트 단지에 살면서 옆집이나 아랫집, 윗집도 모른다는 것은 너무나 가슴아픈 일입니다. 하물며 직장에 같이 다니는 동료와도 하루에 과연 몇 번 말을 건넸는지 생각해보면 얼마나 각자의 삶에만 몰두하는지 우선 저 자신부터 돌이켜보게 됩니다. 아파트 단지 내의 마음 맞는 사람들과 도란도란 저녁무렵 치맥이라도 가볍게 할 수 있는 사이만 되어도 우리네 삶은 참 윤택하고 행복하리라 생각합니다. 그래! 인생 별 것 없습니다. 이렇게 도란도란 정을 내면서 한 번 용기내어 힘차게 살아보는 것이죠!! 다들 늘 좋은 일, 행복한 일 가득하길 바랍니다.

차례

에세이

양양 서피비치에서의 새로운 인연

여행에서 가장 큰 즐거움은 아마도 낯선 사람들과의 만남일 것이다. 코로나로 인해 해외여행이 전면 금지된 후 국내 여행의 새로운 발견이 시작되었다. 그리고 그 중심에 바로 동해바다 양양 서피비치가 있다고 생각한다. 이제 양양은 서퍼들은 물론 일반인들의 해외여행 대체지로 확고한 자리매김을 했다. 흔히들 청춘의 시작은 여행이라고 하는데 청시행을 원한다면 적극 양양을 권하고 싶다. 사실 양양은 몇 년 전 땅을 매입하기 위해 우연히 들른 곳이었는데 당시 땅을 사지 못한 것이 한에 맺힐 정도로 이곳은 최근 몇 년간 가장 큰 땅값 상승을 이루어 투자자들에게는 만면 웃음을 짓게 만든 곳이다. 불과 몇 년 사이에 이곳 양양은 넘사벽일 정도로 핫플이 되고 말았다. 이렇게 되기까지 아마 서피비치의 클럽이 한몫 했다고 생각한다. 여느 바다와는 달리 이국적인 자태를 과시하며 누구나 한 번쯤 머무르며 한 잔의 칵테일에 시원한 바다 풍광을 즐기고 싶은 곳이 바로 이곳 서피비치만의 매력이라고 생각한다. 게다가 비스트로에서 흘러나오는 신나는 음악에 맞춰 몸을 마음껏 흔들며 스트레스를 훌훌 털어버릴 수 있는 곳이 바로 서피비치만의 찐매력 그 자체이다.

갑자기 지난번 서울대법대 모임에 참석을 하겠다고 했다가 급

취소한 후배 변호사로부터 연락이 왔다. 사실 그 날 모임에서 얼굴을 보고자 했는데 취소해서 아쉬웠는데 그래서인지 갑자기 온 카톡이 그리 반가울 수가 없었다. 현재 양양 서피비치에 와 있는데 너무 좋다며 안부근황을 물었다. 물론 뒤늦게 안 사실이지만 숙소를 찾지 못해 이런저런 도움을 청하기 위해 연락을 한 것이지만 아무튼 저녁에는 댄스파티가 있다며 마냥 신나하는 모습이었다. 사실 나도 양양에 와 있었지만 다른 스케줄이 겹쳐 차마 현지에 와 있다는 소리는 하지 못한 채 안부근황을 묻는 걸로 인사를 마무리했다. 양양 인구해변에서 펑키투나잇 공연을 보려고 계획했는데 급 스케줄을 바꾸어 행여 우연히라도 그 후배 변호사를 볼 수 있으면 땡큐이고 그렇지 않으면 서피비치에서 오랜 만에 개최되는 댄스파티에 몸이라도 잠시 맡길 수 있으면 좋겠다는 생각에 일정을 급선회하여 서피비치에 도착했다.

사실 6월 초임에도 불구하고 날씨가 갑자기 추워져 마치 겨울왕국에 온듯한 분위기며 찬바람이 얇은 반팔로 차갑게 스며들었다. 어찌나 차가운지 금방이라도 장농에 비치한 겨울코트를 꺼내야하는게 아닌지 그런 생각도 들었지만 어차피 인생 폼생폼사인데 싫어 그냥 반팔차림으로 파티에 조인했다. 개인적인 사정으로 당분간 술을 마실 수 없어서 그냥 구석에 자리잡고 DJ의 현란한 손가락에 따라 고막을 터질 듯 울려퍼지는 신나는 음악에 몸을 맡겼다. 모래사장의 모든 모래들을 마치 어디론가 날려버릴 듯한 여행객들의 과격한 몸짓에서 마치 지나간 잃어버린 시간을 포효하듯 뒤흔들며 그동안 쌓인 스트레스를 말끔히 씻어버리고자하는 것이 아닌가 그런 생각이 들었다. 이곳은 대한민국이 아닌 마치 발리나 하와이의 멋진 해변을 연상시킬 정도의 이국적인 정경 그 자체였고 한 장면 한 장면이 영화속의 멋진 씬처럼 내 눈앞에서 파노라마처럼 펼쳐졌다. 삼삼오오 짝지어 서피비치를 찾은 이들의 모습에서 열정적인 대한인의 진정한 소울을 골속골속 느낄 수 있었다. 그리고, 종업원 누구 하나 술이나 안주에 부담을 주지 않고 자유롭게 펍 문화를 즐기는 자체가 이곳만의 가장 멋진 매력이라고 생각했다.

낯선 곳에서 마치 해외에 와 있는 듯한 착각에 빠지며 가끔은 내 옆에 앉아서 신나게 몸을 흔드는 그들의 모습을 찬찬히 바라보며 온갖 인생살이의 천태만상을 볼 수 있었다. 단순히 음악을 즐기거나 한 잔의 술을 마시러 온 사람부터 시작해서 연인을 만들기 위해 사랑의 구애를 하는 젊은 청춘에 이르기까지 이곳은 흥분의 도가니 그 자체였다. 음악이 좀더 낯익은 멜로디였으면 좋았을텐데라는 기대감은 있었지만 이러한 트렌드의 음악이 요즘 젊은이들이 좋아하는 것인가 생각하며 세월의 무상함을 느끼기도 했지만 이러한 감상적인 분위기는 잠시뿐 공연 내내 멋짐과 감동 그 자체였다.

조용히 앉아서 신나게 춤추는 사람들의 흥겨움을 만끽하는데 왠지 눈에 자꾸 아른거리는 약간은 중년인듯한 아저씨가 나의 시선을 사로잡았다. 서글서글한 인상에 마치 이 지역의 유지인듯한 그의 모습을 바라보며 내가 이곳의 이방인임을 다시 한 번 깨닫게 되었다. 젊은 친구들을 감싸안고 다정하게 인사하는 모습부터 시작해서 이곳을 찾은 젊은 외국인 여성에게 다정하게 영어로 인사를 건네는 모습이 참으로 정겹게 느껴졌다. 그리고 영어로 자신이 이곳의 오너임을 밝히는 장면에서 이 친구가 바로 이곳의 사장임을 직감하게 되었다. 한 동안 나의 머리를 혼란스럽게 만든 이 친구의 정체를 안 순간, 왜 그가 그렇게 스테이지를 오가며 하나하나 뭔가를 확인하는지 그 이유를 알 수 있었다. 모두들 그를 보는 순간, 다정스럽게 인사를 건넸고 준규는 가벼운 허거로 다정함을 다시 한 번 확인시키곤 했다. 나중에 안 사실이지만 코로나로 인해 몇 년간 중단된 댄스파티가 오늘 개장되어 기획자인 오너가 너무나 기분이 업되었음을 듣게 되었다.

약간은 어리벙벙한 순간, 내 옆에 있는 친구와 눈이 마주쳤다. 다소 화려한 내가 신기했는지 그 친구는 가볍게 자신을 소개시켰고 안 그래도 서먹함이 가득한 이 공간에서 누군가와의 가벼운 인사는 왠지 모를 감동으로 다가왔다. 취기가 약간 오른 이 친구가 바로 창호이다. 자신의 사업체인 스시코우와 카페인 워프워프를 소개하는 모습에서 인생의 성공을 자랑하는 듯한 뿌듯함도 느낄 수 있었다. 하지만, 창호의 얼굴은 너무나 착하고 순수함을 드러내는 그 자체여서 나도 모르게 쉽게 이 친구의 매력에 빠져들고 말았다. 짧은 순간이지만 우리는 이런저런 이야기를 하면서 특히 창호는 서피비치의 오너인 경영자 제이박 즉 준규의 지나간 삶을 그 짧은 시간 나에게 브리핑하듯 읊조리면서 그가 이것 서피비치를 성공시키기까지 기나긴 시간을 얼마나 고생했는지 알려주었다. 갑자기 이곳 오너인 준규에게 관심이 생겼다. 워낙 사람을 좋아하는 성격이기도 하지만 그래도 불모지인 이곳을 자신만의 노력으로 무에서 유를 일궈낸 그가 참 멋진 사람이라는 생각이 들었다. 창호가 잠깐 나를 준규에게 소개시켜주자 준규는 약간 취한 듯한 얼굴에 자신의 성공을 자랑하며 이곳 양양에서 그가 핵인싸임을 다시 한 번 상기시켜 주었다. 이후 창호는 인연의 소중함, 그리고 몇 마디 건네지는 못했지만 자신의 스시코우 및 카페 워프워프에 들러줄 것을 귀띔하며 같이 온 일행과 홀연히 사라졌다.

다소 서먹했지만 준규와의 만남은 이렇게 시작되었고 그 순간 어디선가 나타난 아주 건장하고 훈남인 젊은 청춘이 거의 웃통을 드러낸채 나의 앞에 나타났다. 준규는 이 친구가 자신의 절친 HDI 정보사 지윤이라고 소개하며, 자신은 또 다른 약속이 있다며 나를 잘 지켜달라는 부탁과 함께 나랑 같이 온 조카와 지윤이 이렇게 셋만 남겨둔 채 다른 곳으로 장소를 이동했다. 사실 지윤이는 처음 만났지만 왠지 오랜 시간 함께 본듯한 특유의 밝음밝음으로 짧은 시간이었지만 곧장 친해졌다. 아직 20대인 젊은 친구에게 형님 소리를 듣는게 이제는 낯설지가 않을 정도로 젊은 청춘들과는 잘 어울리기에 지윤이랑도 금방 친해진지도 모른다. 다만 취기가 오를대로 올라 텐션이 극상인 지윤이를 따라가기엔 너무나 말짱한 나를 안타깝게 생각하며 그래도 지윤이가 모래사장에서 힘겹게 아니 어쩌면 자신의 필살기인 훈훈한 외모와 멋진 몸매, 그리고 특유의 친화력으로 금방 몇 명의 여성들을 테이블로 모셔 함께 이런저런 살아가는 이야기를 나누는 가운데 서피비치만의 찐매력을 느끼게 되었다. 성균관대 출신이라는 20대 후반 및 30대 초반의 젊은 청춘들과 나누며 그들의 최대관심사는 연애나 결혼이 아닌 어떻게 앞으로 직장에서 또는 사회에서 살아가야 하는지 장래 진로에 대해 많은 고민이 많음을 알게 되었다. 오픈된 바 형태의 클럽이어서 그런지 유난히 모래사장에서 불어오는 바람이 세차게 느껴졌지만 6월 초반, 그것도 이곳 양양에서 몇 천명이 될듯한 많은 사람들이 모처럼의 자유를 만끼하는것 그 자체가 나에게는 엄청난 감흥이자 행복으로 다가왔다. 처음 본 지윤이랑도 이렇게 친할 수가 있을까 싶을 정도로 많은 것들을 공유하며 우린 그렇게 새벽 2시까지 시간을 보냈다. 그리고 이러한 멋진 문화공간을 만든 준규에 대해 호기심을 가지며 그렇게 여행은 저물어가고 있었다.

다음날 점심 창호가 경영하는 스시집에서 지윤이랑 식사를 하기로 하고서 우린 아쉬운 이별을 했다. 사실 서프라이즈하는 느낌으로 창호를 만나고자 했는데 아쉽게도 어찌나 이곳 스시코우가 인기가 있는지 12시 반 도착했을 무렵 이미 재료가 소진되어 우린 식사를 하지 못했다. 사실 전날 밤 지윤이랑 이곳에서 식사 하기로 약속하고 이곳에 왔는데 약속을 제대로 지키지 못해 왠지 지윤이에게 미안한 마음이 들어 근처 창호가 경영하는 워프워프 카페에서 간단하게 커피라도 마시고 다른 장소로 이동하기로 했다. 오죽헌 근처에 위치한 워프워프를 보는 순간, 마치 시간여행을 하듯 과거의 고즈넉한 기와와 현재의 여유로움, 그리고 미래의 공간에 온듯한 멋진 인테리어에 거의 넋을 놓고 말았다. 창호는 갑자기 방문한 우리 일행을 반기기 위해 근처에서 곧장 달려와 주었고 창호가 들려주는 이런저런 인생 이야기에 시간 가는 줄 몰랐다. 창호는 일명 잘나가는 일식 셰프였다. 생활의 달인에 나올 정도로 얼마나 인기가 있고 유능한지 그의 능력에 다시 한 번 감동을 받게 되었다. 생활의 달인에 나온 후 거의 하루에 몇 백팀의 예약전화를 받고 심지어는 예약을 받지 않아 준다고 자신을 폭행한 일명 프로불편러까지 이야기하며 나중에 그냥 좋게 넘어가긴 했지만 얼마나 마음고생을 했는지 자신의 유명담에 따른 이야기까지 찬찬히 들려주었다. 차분한 그의 말투에서 창호의 인간미를 품품 느낄 수가 있었다. 단오축제에 자녀들을 데리고 가야 한다며 자리를 뜨는 순간까지 창호가 들려준 이야기들은 그가 지금의 위치에 오르기까지 얼마나 고생하고 고심했는지 그리고 이 멋진 카페 워프워프를 만들어내기까지 쏟아부은 시간 및 금전적 투자가 얼마나 컸는지 그 짧은 순간이었지만 알 수 있었다. 창호가 대접해준 커피에서 진한 인간미가 마구마구 풍겨지는 느낌이었다. 누군가를 조금씩 알아가는 것 자체가 너무나 신기했고 여행지에서 만난 인연을 다시 그 끈으로 동여매기 위해 새로운 인연과 함께 시간을 보내는 것 자체가 일반인의 눈에 낯설게 보일지 모르지만 나에게는 너무나 의미있고 소중한 시간으로 다가왔다.

이후 우리 일행 셋은 주문진 다물선에서 대게가 나오는 멋진 일식을 즐긴 후 준규를 만나기 위해 서피비치로 향했다. 가는 날이 장날이라고 전날의 강추위에 더해 폭우가 쏟아지기 시작했다. 거의 손님이 없을 거라고 생각하고 서피비치를 찾은 순간, 오 마이 갓이 저절로 나올 정도로 신나는 음악에 맞춰 가게 안은 이미 문전성시를 이루며 젊은 청춘들은 물론 각양각색의 다양한 사람들이 한 잔의 칵테일에 또는 그룹을 지어 화려한 파티를 즐기고 있었다. 어제와는 약간은 수줍은 듯한 준규를 만나 어색하지만 우린 그렇게 작은 모임을 가졌다.

이쯤에서 지윤이에 대해서도 약간 이야기를 해야 할 것 같다. 지윤이는 HDI 정보사임에도 불구하고 새롭게 인생을 만들고자 실제 인생 3모작을 대비하고 있었다. 이제 28살의 청춘이지만 그에게서 마치 중년의 연륜이 느껴지는 이유는 거의 8년간 뼈를 깍을듯한 혹독한 훈련에서 다져진 그만의 인생철학이 있었기 때문이다. 여행지에서 만났지만 너무나 깍듯하게 예의를 갖추고 식사 후 신발정리부터 시작해서 나를 위한 주류 선물부터 빵선물에 이르기까지 그가 보여준 작은 행동들은 나의 뇌리에 멋진 놈으로 각인되기에 충분했다. 내가 식사대접부터 시작해서 술까지 대접해주는 것에 대한 마음의 표시였는데 받기에만 익숙한 것이 아니라 뭔가를 성의를 표하는 지윤이의 마음이 참으로 따뜻하게 느껴졌다. 앞으로 새롭게 시작하는 그의 인생에 미력이지만 도와주고 싶다는 생각이 많이 든 이유도 지윤이가 보여준 상대에 대한 배려 덕분일 것이다. 워낙 내 성격이 낙천적이고 긍정적이며 평생을 제자들 캐어하는데 익숙해져 지윤이한테도 그런 마음이 들었는지도 모른다.

어제의 살짝 취한 취기와는 달리 오늘은 맨정신이어서 그런지 준규는 더더욱 순수한 미소년처럼 우리를 반겨 주었다. 남들이 보면 몇 십년 알고 지낸듯한 케미가 감돌아서 인간살이에서 또 다른 즐거움이었다. 준규가 보여준 리더십은 내가 생각하기에 평소 사람을 따뜻하게 감싸는 포근함에서 오는 멋짐이었다. 그는 직원을 진짜 가족처럼 생각하는 멋진 사람 그 자체였다. 사실 선입견인지 편견인지 나는 일명 이러한 유흥업소를 경영하는 사람들과는 이야기를 할 기회도 없었지만 마냥 친근감있게 느끼지는 않은 것도 사실이다. 그런데 준규는 조지아대를 금전적인 이유로 관두고 한국에 돌아와 이곳 불모지인 양양 서피비치를 일명 개척하여 오늘의 멋진 신화를 이루기까지 그리고 그 와중에 수많은 민원속에 공무원들과의 모든 문제를 조율하는 과정에서 정말 많은 고생을 했음을 그 짧은 시간이지만 알 수 있었다. 내가 준규를 처음 아니 두 번째 보면서 더더욱 정감을 느낀 이유는 그리고 이렇게 이름을 부를 수 있는 이유는 물론 나이가 내가 많다는 그 한가지 이유도 있겠지만 그만큼 준규가 보여준 태도가 나를 감동시켰고 친근감있게 느껴졌기 때문이다.

준규는 자신을 기획자로 소개하며 이곳 서피비치를 법적인 문제에서 다 자유롭게 만들고 이곳 모래사장을 오늘날의 파라다이스로 만들기까지 얼마나 힘들었는지 상세히 알려주었다. 주변 민원인들의 극성에 스스로 공부하고 또 연구하여 자신을 통해 이곳 동해바다 몇 군데에 이와 비슷한 형태의 모델을 성공시켜 굳이 외국에 여행가서 외화를 낭비하지 않고서도 국내에서 멋진 여행을 즐길 수 있도록 만든 성공의 신화 그 자체가 바로 준규인 것이다. 나는 준규의 경영 마인드에 다시 한 번 감동했다. 그리고 소탈한 그의 인간미가 더 멋지게 느껴졌다. 일반 클럽에는 자리에 따라 가격이 책정되고 이로 인해 돈이 없으면 유흥마저도 즐길 수 없는데 준규는 가장 좋은 자리인든 또는 그렇지 않든간에 일절 예약시스템을 도입하지 않고 돈을 내지 않고도 이곳에서 흥에

겨워 삶을 즐길 수 있는 공간을 만들겠다고 계획했고 그의 이러한 경영 마인드는 크게 성공을 했다고 가히 말할 수 있을 것 같다.

최근에 준비한 영국 수입산 캬라반 역시 숙박비를 비싸게 받지 않고 일명 합리적이면서 저렴한 가격에 공급하여 일명 바가지 문화를 종식시켜 다시 찾고 싶은 양양을 만드는데 주력하고자 한다는 말에 어찌나 그가 멋지고 사랑스러웠는지 모른다. 여행에서 가장 크게 차지하는 비용이 바로 숙박비인데 거기에서부터 기분이 상하면 여행은 완전 망친다는 마인드 하에 최대한 저렴하면서도 합리적인 숙소를 만들고 그래서 그곳에서 편히 쉰다음 낮에는 서핑을 즐기고 밤에는 펍 문화를 통해 멋진 동해바다 양양을 즐기게 하고 싶은게 작은 꿈이라는 그의 말에 왜 이렇게 멋진 준규가 지금까지 이슈화가 되지 않았는지 신기할 따름이었다.

이제 여행문화가 달라져야 한다. 그 중심에 준규가 있고 창호가 있다고 생각한다, 그들은 단순히 일순간 폭리를 취해 부를 축적하기보다는 강원도의 자랑인 강릉과 양양의 멋진 문화를 창출하고 이를 홍보하며 판매하는 일종의 문화사절단인 것이다. 무조건 가격을 높여 한 순간 사라지는 문화가 아니라 얇지만 길게 그러면서 큰 만족을 주면서 사람들의 마음을 사로잡는 그들만의 문화를 창조하는 것이 이들의 목표인 것이다. 나는 양양의 서피비치는 이제 동해를 대표하는 가장 선두주자라고 생각한다. 오랜 시간 시행착오끝에 준규가 만들어낸 것은 단순히 일명 얘기하는 클럽이나 펍이 아닌 새로운 트렌드인 문화라고 생각한다. 그리고 그가 대하는 직원들에 대한 마인드 역시 말로만 가족이 아닌 진심 가족을 대하듯 일일이 챙겨주는 모습에서 리더십의 진면목을 확인할 수 있었다. 사람이 다소 뜸한 비수기인 겨울에는 직원들이 유급으로 발리에서 휴가를 즐길 수 있도록 하고 그 순간에는 설령 우연히 발리에서 서로 마주쳐도 아는 척을 하지 않는다는 룰을 만들어 만일 카톡이라도 하게 되면 벌금 1천원을 내야한다는 그의 말에 진정한 휴식과 힐링이 무언지 그리고 기업가이자 새로운 트렌드를 만드는 크리에이터가 무언지 조금이나마 알게 되었다.

짧은 2박 3일간 나는 힐링을 한 것이 아니라 준규, 창호 그리고 우리의 사랑스런 막둥이 지윤이와의 새로운 만남을 통해 인연의 끈을 엮었다고 생각한다. 우리는 흔히들 여행을 그저 보고 즐기는데 주안점을 둔다. 스트레스 해소가 가장 큰 목적이니까 일명 이해되는 부분도 있지만 여행지에서 누군가를 알고 이들과의 만남과 소통을 통해 각자의 삶을 이해하는 것이 더 큰 보람이 아닌가 그런 생각을 하게 된다. 바쁜 일상에 다들 돈을 버는데는 신경을 쓰지만 정작 중요한 인간관계에는 절대 투자를 하지 않는게 보통이다. 하지만, 내가 생각하는 인간관계는 만들기도 힘들지만 또 이를 지켜나가기 위한 노력도 필요하다고 생각한다. 물론 자주 만날 수 없어서 소원해질 수도 있지만 그래도 가끔 카톡을 통해 안부를 묻고 근황을 이야기하며 내가 살아있음을 또는 상대가 잘 사는지 안부인사를 전하는 것만으로도 큰 축복이라고 생각한다.

지금 6월 초인데 동해바다는 날씨가 너무나 차갑다. 아마 지금까지 지속된 가뭄을 해갈이라도 하듯 원없이 폭우가 쏟아지는 것 같은데, 이렇게 메마른 땅에 단비를 내리듯 우리들의 삭막한 인간관계에 단비를 내리는게 여행이라고 생각한다. 그리고 여행은 단순히 보고 즐기는 것만으로도 힐링이 되지만 낯선 여행지에서 맘의 문을 열고 스스로 친구가 되고자 한다면 모두가 한마음으로 친해질 수 있다고 생각한다. 왜냐하면 여행을 좋아하는 사람 치고 악한 사람은 없기 때문이다.

삶에 지친 이들이여! 양양 서피비치로 가세요! 그곳에서 맘의 안식과 힐링을 찾을 수 있습니다. 그곳에는 여러분에게 큰 삶의 기쁨을 전해줄 댄디가이 제이박 준규가 있기 때문입니다. 양양이 앞으로 준규를 통해 어떻게 변화될 지 그리고 강릉이 앞으로 창호를 통해 어떻게 변화될지 그리고 대한민국의 인플루엔서로서 새로운 삶에 도전하는 사랑스런 지윤이가 어떻게 타투계의 판도를 바꿀지 너무나 기대가 된다. 난 언제나 그러하듯 퍼실리테이터로서 그들의 멋진 삶에 늘 변치않는 응원과 사랑의 갈채와 박수를 보내고 싶다. 오늘따라 양양바다가 더 푸르게 마음에 아롱지는 것은 이들과의 소중한 인연이 나의 가슴속에 알차게 영글고 있기 때문이라고 생각한다.

그리고 못다한 이야기

준규와의 만남은 이렇게 일단락지어졌다. 낯선 이방인과의 만남이 인연이 되었다고 생각하지만 사실 그러한 만남이 다시 어떻게 연결될지는 전혀 알 수가 없는 가운데, 다시 서울로 돌아와 잠시의 일상생활을 하면서 문득 준규의 모습이 떠올라 짧은 추억이지만 이에 대한 생큐 메시지를 보냈다.

너무나 뜻밖에 카톡에서 그 친구는 현재 압구정로데오 아베크에 있다고 했다. 지난번 가온에 식사하러 갔을 때 유난히 젊은 친구들이 북적여 한 번 들른 곳이 있었는데 사실 그 당시엔 이곳이 아베크인지도 몰랐다. 워낙 지명에 관심이 없어서 그럴지도 모르지만, 아무튼, 아베크에서 급만남을 약속하고 이후 일정은 뒤로 미룬 채 무작정 준규가 있는 곳으로 찾아갔다. 양양에서의 만남이 자연스레 이어지는 것 같아서 신기하기도 하고 그저 다시 얼굴 한 번 보면서 밥 한 끼라도, 가볍게 얼굴 한 번이라도 볼 수 있으면 좋겠다는 생각이 들었다.

차를 다시 집에 세워두고 혹시나 모를 한 잔의 술을 생각하며 지하철로 이동을 시작했다. 그런데, 사실 압구정로데오역이 지하철로 이동하기엔 그리 만만하지는 않은 것 같았다. 그렇다고 택시를 타기엔 혹 차들이 막힐 것 같아서 이런저런 조급한 마음에 행여 나를 기다리는 그들에게 민폐가 될까 너무나 조바심도 나고 조심스러웠다. 얼마나 달리기를 했는지 모른다. 평소 시간이 생명인지라 시간에 대해 상당히 예민한데, 녹화방송을 하는 것도 아닌데 너무나 마음이 무거워지기 시작했다.

이미 한 명의 지인이 준규랑 같이 있었고 내가 가자마자 곧장 그들은 아베크에서의 만남을 정리하기 시작했다. 어색한 대면을 잠시 뒤로 한 채 첼시스 하이볼로 향했다. 서울로 출장왔고 이 틈에 그동안 만나지 못했던 지인들과 안부인사를 나누는 것 같았다. 나름 핫한 인스타그램 인플루엔서 2명의 여성도 같이 조인하며 이런저런 이야기를 나누었다. 그곳에서 또 다른 일행인 DJ계의 이단아 친구 재형이를 만나서 색다른 이야기를 전해 듣기도 했다. 연대 정외과 출신인데 본인은 정작 일명 밤업소 관련 일을 해서 부모님은 싫어하시지만 너무나 만족한다는 사실에 정말 사람은 겉만 보고 평가해서는 안된다는 생각과 나아가 우리네 짧은 인생에서 진정한 행복이 무언지 그리고 어떻게 살아가야할지 고민하게 되었다.

준규는 알아갈수록 참 철학이 있는 친구이다. 본인은 돈을 버는 이유가 타인을 돕기 위해서라고 한다. 얼핏 들으면 이게 무슨 말도 되지는 않는 겉멋에 개똥철학이냐고 치부할 수 있을지 모르지만, 가만가만 준규의 이야기를 듣다보면 지금까지 준규가 살아온 삶에 대한 방향성을 깨닫게 되고 충분히 공감이 가는 이야기임을 알 수 있다. 준규는 꿈이 자신이 이를 즐기고 누리는 것이 아니라 물론 그것도 일부가 될 수 있을지 모르지만 열심히 일하고 돈을 벌어 부를 축적해서 이를 사회에 환원하고자 하는 꿈을 가졌다. 특히 최근에 이슈가 된 장애인에 대해 너무나 큰 관심을 가지고 있었고 자신이 번 수익을 장애인들이 재활하는데 고스란히 쏟아 붓고 있었다. 커피를 가공제조하여 직접 운영할 수 있도록 커피숍을 운영하는데 일익을 담당하고 있었다. 난 준규에게 본인이 하는 일을 좀더 알려 세상사람들에게 선한 영향력을 끼치면 좋겠다는 말을 했지만 준규는 자신만의 철학으로 조용히 묵묵히 보이지 않는 곳에서 자신이 하는 일을 하고자 하는 뜻을 전해주었다. 한 방망치로 심하게 두들겨 맞는 듯한 느낌이 들었다. 사실 최근에 누군가와 이렇게 나름의 철학적인 삶의 방식을 이야기한 적이 없었다. 좀더 나은 아파트, 좀더 나은 생활환경 및 투자환경을 논하면서 일반적인 우리네 삶에 좀더 포커싱을 두고 내면에 잠재한 나만의 깊은 뜻을 어쩌면 애써 외면하며 살아온지도 모른다. 특히 코로나로 인해 일반 대중과의 대면이 줄어들면서 더더욱 그러한지도 모른다. 물론 틈틈이 내 나름의 봉사방식으로 어쩌면 내가 살아가는 이유를 찾기 위해 나의 도움을 필요로하는 곳에서 나 역시도 묵묵히 봉사활동을 벌인지도 모르지만, 준규가 전하는 그의 삶의 방식과 태도 나아가 사회를 조금이라도 아름답게 변화시키고자 노력하는 그의 노력에서 많은 것을 느낄 수 있었다. 겉으로 해맑게 웃는 모습에서 때로는 그만의 카리스마가 묻어나고 나아가 앞으로 준규가 만들어나갈 아름다운 세상에 대해 인간적인 관심이 가기도 했다.

나 역시도 지금까지 참 성실하게 앞만 보고 살아왔다고 생각하는데 타인의 삶을 전해들으면서 다시 한 번 나 자신의 삶에 대해 반성하게 된다. 어찌면 부모님의 너무나 타인을 위한 삶을 지켜보면서 때로는 거부감이 들기도 하고 굳이 애써 너무나 힘겹게 타인을 돕고자 하는 모습에서 나는 굳이 그렇게 살아야하는지 많은 고심을 한 것도 사실이다. 그러다가 문득 뜻하지 않은 계기에 누군가의 삶을 좀더 도와주고자 하는 활동에 동참하게 되고 그러다가 때로는 지치기도 하고 때로는 실망을 하기도 하면서 얼추 이 나이가 된 것 같다. 내가 살아가야 하는 이유는 여러 가지가 있다. 그 중에서도 어쩌면 나한테 주어진 달란트가 허락된다면 또 그 길을 갈 수 있다고 생각을 해보게 된다.

준규 옆에는 준규랑 뜻을 같이 하는 친한 동생 찰스 우철이가 있다. 주류업계인 하이트에서 그는 모든 총괄을 맡으면서 준규랑 친해진 것 같다. 우철이의 말을 빌자면 준규의 철학에 자신이 심취하여 자신도 모르게 동화되고 그렇게 타인의 삶을 위한 나눔과 실천에 동참하고 있다는 것이다. 거의 10년 가까운 시간동안 이들은 한 형제처럼 누군가를 돕는 일에 알게 모르게 관여를 하고 있었고 이들과의 만남은 단순히 자신을 과시하기 위한 허상이나 겉치레가 아닌 나눔의 삶을 보이지 않는 곳에서 묵묵히 실천하고 있었던 것이다. 아름다운 만남, 아름다운 삶에 대해 많은 것을 돌이켜보게 되었다.

여독에 지쳐 곤히 잠들기 전 잠시 준규랑 이야기를 나눈 뒤 우철이와 다시 인생철학에 대해 이야기를 하게 되었다. 이미 새벽 3시는 훌쩍 지나가고 있었다. 도대체 귀신에 홀린듯한 며칠 간의 행보에 난 도대체 무슨 생각으로 어떻게 살아가는지 나 자신도 제대로 주체하기 힘들었다. 조선 팰리스 호텔의 고층 새벽공기가 잠시 코 끝에 와닿음을 느끼며 짧은 시간이지만 최근 강남 클럽의 현주소인 강남클럽페이스의 뿌옇고 매캐한 연기를 내 몸에서 살포시 지워내는 그런 느낌이 들었다. 현재 강남의 젊은 청춘들은 어떻게 스트레스를 풀고 어떻게 다음날을 준비하는지 알 수 있는 소중한 시간이었다. 아울러 몇 십년 세월을 거슬러 시간여행을 하고 있다는 느낌마저 들었다. 그러면서, 비록 피곤한 몸이지만 다시 한 번 어떻게 살아가야하는지에 대한 심도 깊은 이야기를 우철이와 나눌 수 있어서 소중한 시간이라고 생각한다. 현재 어쩌면 나에게 가장 최대 화두인 반포동 재개발이니 이런 세속적인 이야기에서 벗어나 진정 어떻게 삶을 살아야 하는지에 대한 고민을 하는 의미깊은 시간이었다. 우철이 말대로 어떤 보이지 않는 힘에 의해 나도 모르게 이 친구들을 따라오게 되었고 겨우 짧은 만남이었지만 다시 한 번 내 삶의 방향성 및 본향에 대해 고심하는 계기가 되었다. 그래서 감히 나는 이들을 소중하다고 말할 수 있는 것 같다.

어쩌다보니 각자 처한 개인적인 가정사부터 속내까지 이야기하는 시간이 되었다. 나는 나의 사적인 삶에 대해 그다지 이야기하지 않을뿐더러 그냥 때로는 운명이나 숙명처럼 생각하고 어차피 대중 앞에서 보여지는 삶에 충실하며 내 삶을 살아갈 뿐이었다. 차마 공적인 자리에서 하기 힘든 다양한 사적인 이야기를 하는 가운데 또 다른 공감대가 형성되었다고 생각한다. 거의 새벽 4시가 다 되어 호텔을 나오면서 최근에 나눴던 이야기 중 가장 많은 것을 생각하게 만든 시간이었다고 생각한다. 세 사람이 가면 나의 스승이 있다고 한다. 삼인행 필유아사인데, 굳이 나이를 떠나 또는 사회적인 학식을 떠나 인생을 살아가면서 나름 구축한 가치관에 입각하여 타인의 이야기에 귀를 기울이고 이를 통해 어쩌면 아름다운 삶에 대해 깊이 있는 고민을 하게 되는 것은 뒤늦은 인생길의 뒤안길이지만 다시 남은 삶에 대해 많은 생각을 하게 된다. 만남은 시간도 중요하지만 얼마나 깊이 있게 이야기를 나누는지도 의미있다고 생각한다. 그리고, 최근 만났던 소중한 사람들과의 인연에 대해 잠시 돌이켜보면서 현재 우리나라가 처한 사회적 이슈에 대해 고심을 하게 되었다.

주문진과 노스텔지어

뒤늦게 시작한 법학 공부가 쉽지 않았다. 처음에는 쉽게 해내리라 생각했고 나름 잘한 선택이라고 생각하며 무난하게 공부를 이어나갔다. 평생을 지겹도록 공부만 했는데 다시 서울대 법대에서의 공부는 너무나 버겁게 느껴졌다. 왜 시작했느냐는 후회보다는 반드시 해야겠다는 생각이 들었다. 안정적인 직장을 뒤로한 채 무슨 부귀영광을 누리겠다고 시작했는지 모른다. 하지만, 이제 너무나 지쳤다는 생각이 든다. 갑자기 논문 통과에 있어서 부담으로 다가온 엄청난 공부의 양이 큰 스트레스였다. 사실 나도 영국 유학 후 한국에서 오랫동안 교수로 있으면서 나름 원생들에게 최선을 다해 영어를 지도했고 그렇게 살았건만 갑자기 찾아온 나의 새로운 삶에 기대와 기존의 삶에 대한 후회, 가장 중요한 것은 내가 가지 않은 길에 대한 기대감으로 난 법학을 공부하게 된 것이다. 다들 미쳤다고 했지만 그래도 내가 가지 않은 길을 지금 선택하지 않으면 평생 후회로 남을 것 같아서 난 과감히 이 일을 선택한 것이다. 그렇게 시작된 공부에서 이제는 도피처를 찾아서 어느 날 갑자기 바람 쐬러 찾아왔다가 오게 된 이곳이 바로 나의 새로운 아지트로 탈바꿈한 것이다. 공부고 무엇이고 다 무의미했고 스트레스로 찾아온 나의 질병인 급성당뇨를 치료하기 위해 난 이곳 한적한 바닷가 주문진에 둥지를 튼 것이다. 이곳은 전혀 연고지도 아니고 나와는 아무런 상관이 없는 곳이다. 다만 젊은 시절 회를 먹기 위해 겨울 바다를 찾아온 것이 전부이다.

갑자기 둥지를 튼 이곳의 삶은 처음에는 낭만 그 자체였다. 오늘도 난 역시 일상적인 삶의 일과로 아침 일찍 눈을 뜨게 된다. 바닷가라서 그런지 아침이 일찍 시작된다. 햇살이 나를 가만 내버려 두시를 않는다. 눈 부신 햇살의 등쌀에 잠이 깨어 이 동네를 한 바퀴 강아지와 함께 산책한다. 가족들은 이곳 생활이 싫다면서 내려오지 않아 당분간 난 이곳에서 생활해야 한다. 물론 혼자서 말이다. 와 하는 즐거움이 나를 최상의 기분으로 이끈다. 어떤 면에서는 모든 것에서 탈출이기 때문이다. 고양이와 강아지만 데리고 난 이곳을 찾은 것이다. 내 인생에 있어서 늘 동반자인 존재인 이 녀석들이 있어서 난 외롭지가 않다.

밖을 싫어하는 고양이는 집안에 둔 채 강아지 빌리와 함께 난 산책을 나선다. 목줄을 하지 않아서 무지개다리를 건너간 예전의 녀석이 생각나서 아직도 눈물이 글썽글썽, 나에게 찾아온 이 녀석은 절대 그렇게 허망하게 보내지 않겠다는 생각에 목줄을 다시 조이면서 나의 흘러내리는 눈물을 닦는다. 산책은 이 녀석에게는 나에게도 마찬가지이겠지만 기쁨과 힐링의 최고 순간이다. 어쩌면 이 녀석과 함께 하는 시간 때문에 내가 더 건강해지는지도 모른다.

1년간 계속된 하천 정비공사가 이제는 끝이 나려나 보다. 이제는 가족처럼 만나는 그들에게 인사를 건넨다. 소장님과도 친해져서 이제는 허물없이 인사하는 것은 물론 수고한다면서 막걸리 한 잔에 안주를 사주는 사이가 되었다. 하루가 달라지는 하천의 위용을 바라보면서 놀라움을 금치 못한다. 사실 집 앞에 큰 하천이 있었지만, 정비가 되어 있지 않아서 비만 오면 범람해서 피해를 주곤 했는데 이렇게 정비를 하고 큰 다리를 만들어 폭넓은 하천을 만들자 동네가 달라지기 시작했다. 이 하천 주변을 강아지 빌리와 함께 다니면서 그것도 1시간이 넘는 그 길을 따라서 주문진 해안까지 가는 길이 나에게는 가장 즐거운 산책길이다.

옆집 아저씨는 언제나 그러하듯이 아침 일찍 일어나 무언가를 만들고 있다. 치매가 있는 분이시다. 정신이 왔다 갔다 한다고 조심하라며 나에게 집을 판 전 주인이 해줬던 말이 기억난다. 나 역시 이분과 어떻게 지내야 할지 많은 걱정이 앞섰고 아직도 나에게는 고민의 대상이다. 하루는 반갑게 인사를 했다가 하루는 나에게 큰소리로 고함을 지르는 이분이 도저히 이해가 가지 않았는데 치매라는 그 말을 생각하면 충분히 이해가 간다. 나도 사실 당뇨가 오기 전까지는 건강에 대해 무관심했던 것이 사실이다. 현대인이 그러하듯이 늘 책상에 앉아서 글을 쓰고 연구만 하던 나에게는 어쩌면 당뇨는 당연한 질병이었는지도 모른다. 늘 내재한 상태에서 갑자기 심하게 스트레스를 받으니 이것이 밖으로 표출된 것이다. 당뇨는 식단과 운동이 중요하다. 이곳 바다에 오면서 나의 식단도 조금씩 바뀌기 시작했다. 늘 고기만 부르짖던 나에게 생선이 늘 밥반찬의 주식이 되었다. 텃밭에서 정성껏 기른 채소랑 주문진 시장에서 갓 잡은 생선으로 회를 뜬 고기를 함께 쌈 싸서 먹으면 천국이 따로 없다고 생각을 한다. 오늘도 그러한 기대감에 바닷가를 향해 걸어가고 있다. 텃밭 농사를 지으면서 부지런히 호미질해야 하고 끊임없이 흙을 파야 하므로 절로 운동이 된다. 노동일 수도 있지만 그렇게 움직이다 보니 나름 건강해지는 느낌이 든다.

대문을 나서자마자 나를 기다렸다는 듯이 인사를 건네는 옆집 아저씨, 사실 할아버지라고 하는 것이 옳겠다. 나도 이제 50대를 넘었고 그분은 60대 중후반이니 나이 차로 따지면 10살 넘게 차이가 나지만 나한테 아버지뻘의 힘이 느껴진다. 아무래도 평생 어부로 생활을 해서 그런지 도시에서의 아저씨보다는 훨씬 나이가 들어 보인다. 오늘은 나에게 먼저 인사를 건네면서 악수를 청한다. 반갑다는 뜻이다. 무심코 내민 악수에 어떻게 해야 할지 망설여진다. 늘 감정의 기복이 심한 이 아저씨에게 뭐라고 말을 해야 할지 막막하기만 한데 어느새 옆집 아주머니의 고성이 들린다. 왜 집에 들어와서 아침밥 먹지 않고 헛짓을 하느냐며 고함을 지른다. 같이 사는 동거인 아주머니이다. 사실 이들 부부는 정상적으로 혼인 관계를 맺지 않고 그냥 사는 동거인 사실혼의 부부이다. 아주머니는 이 아저씨랑 20년 넘게 살았고 그렇지만 아직 호적에는 같이 올라가 있지 않다고 했다. 부부가 되면 양도소득세 등 복잡한 세법이 이루어져서 그냥 살 맞대고 산다고 했다. 내가 보기에 한글을 잘 모르는 듯한 눈치이다. 지레짐작 글을 끼워 맞춰서 말하는 느낌이 든다. 새로 집을 샀는데 제대로 된 계약인지 봐달라며 내밀길래 친절히 설명해준 뒤로는 나에게 급친절하며 호감을 보인다. 가끔 반찬을 해서 주기도 하고 미나리도 뜯어서 주기도 한다. 내가 보기엔 이 동네에서 가장 친절한 분이라고 생각을 한다.

치매 아저씨를 뒤로 한 채 강아지 빌리를 데리고 산책길을 따라 바다가 보이는 주문진항으로 발길을 돌린다. 이곳에는 내가 가장 좋아하는 햄버거 가게가 있다. 청시행! 간판만 봐도 가슴이 설렌다. 청춘의 시작은 여행이라는 말인데 맞다 맞다. 청춘의 시작은 여행인 것이다. 코로나로 인해 여행이 마치 범법행위가 되고 만남 자체가 극도의 혐오대상이 되어가는 현실이 안타깝지만 그래도 여행은 즐거운 것이다. 나는 여행을 온 것이 아니라 이곳에 살러 와서 힐링하므로 나에게 뭐라고 할 수는 없다. 예전의 흥싯거림은 없다. 예전 같았으면 서핑 애호가들이 밤새 서핑을 한 후 아침을 먹기 위해 이곳 햄버거 가게를 찾는 것이 왕왕 눈에 띄었는데 이제는 코로나 여파로 관광객이 많이 줄어들었다. 그런데 코로나와 상관없이 팔자 좋은 사람들은 여전히 바다에서 인생을 낚고 있다는 생각이 들었다. 예전만큼은 아니지만, 여전히 바다에서 서핑을 즐기는 청춘들은 많다. 빌리와 함께 가게에 들어섰다. 사실 빌리는 야외에 잠시 묶어두고 나만 들어가서 우선 햄버거를 주문했다. 수제 햄버거인데 내가 지금까지 먹어본 햄버거 중에서 가장 맛있는 햄버거이다. 달걀부침이 들어간 아직 특별한 햄버거인데 아침으로 과할 정도로 양이 푸짐하다. 이제 계산대에 있는 아르바이트생도 나를 안다는 듯이 반갑게 인사를 한다. 사장님은 밖에서 강아지랑 놀아주고 있다. 하지만 아빠인 내가 잠시 자리를 비웠건만 밖에서는 강아지가 계속 낑낑거리고 있다. 빨리 아빠가 돌아와서 자기랑 놀아주고 먹을 것을 달라는 신호이다. 주문한 후 얼른 밖에 나와서 잠시 빌리를 달래준다. 그사이 주문한 햄버거가 다 되었다고 안내원의 마이크 소리가 밖에까지 크게 들린다. 햄버거를 신나게 먹고 있는데 주인을 잃어버린 큰 강아지가 갑자기 내 곁으로 온다.

강아지를 키우면서 동물에 대한 사랑이 더더욱 깊어졌다. 갑자기 이 녀석의 횅한 눈망울이 너무나 애처롭게 느껴진다. 내가 먹을 것의 절반을 이 녀석에게 아낌없이 나누어주었다. 며칠을 굶었는지 너무나 허겁지겁 고기패티를 먹는 모습에 마음이 짠했다. 오늘은 이렇게 버티지만, 이 녀석 내일은 어떻게 할지 걱정이 되었다. 나한테 먹을 것을 다 받아먹었다는 즐거움에 이 녀석은 어느새 모래사장으로 달려가 그곳에서 만난 또 낯선 사람에게 친근하게 다가가 꼬리를 친다. 무언가를 먹다 말고 불쌍하다는 생각이 들었는지 그 여행객들은 이방인인 이 강아지에게 먹을 것을 건넨다. 알고 보니 상습범이다. 이렇게 불쌍한 척 연기를 하며 맛난 것을 얻어먹고 있었다. 그 녀석만의 생존방법인 것 같다.

청시행을 뒤로 한 채 주문진어시장으로 발길을 돌린다. 이른 아침이건만 활기차다. 사람들이 다 어시장으로 몰린듯한 느낌이 든다. 바닥에는 경매로 받은 생선들이 널브러져 있다. 이렇게 많은 생선이 어디서 나왔을까 싶을 정도로 바닥에 뒹구는 이름 모를 생선들이 낯설게 느껴졌다. 누군가가 또 이 많은 생선을 사가겠지 싶었다. 아니나 다를까 큰 수레를 끈 할머니들이 와서 주섬주섬 이 생선들을 주워 담고 있었다. 말려서 밥반찬으로 구워 먹으면 맛있다고 한다. 하다 물끄러미 쳐다보니까 싸게 해줄 테니까 사가라고 한다. 하지만 저 많은 생선을 가져갈 용기도 말려서 먹을 용기도 선뜻 내키지 않았다. 하지만 이내 마음을 고쳐먹고는 평소 로망이던 행동을 실천에 옮기기로 마음먹었다. 바닷가의 낭만은 빨랫줄에 생선을 걸어서 햇볕에 말린 후 직접 건조한 생선을 구워 먹는 것이 아닌가 싶었다. 검은 비닐봉지에 가득 생선을 담았다. 무겁기는 했지만, 왠지 이 생선이 새로운 활력을 불어넣어 줄 것이라 기대했다. 어촌이라 그런지 고양이 녀석들도 많다. 고양이가 전혀 사람을 무서워하지 않는다. 도시에서는 고양이가 사람의 눈을 피하기 바쁜데 여기서는 고양이들이 어판에 버려진 생선들을 치워주는 일종의 청소부 역할을 하는 느낌이다. 공존이 이런 것인가 싶었다. 고양이 녀석들의 초롱초롱한 눈망울이 왠지 반갑게 느껴졌다.

낯선 이방인인 나에게도 전혀 어색함 없이 다가오는 녀석들이 친근하다. 길거리 좌판에서는 이른 아침부터 소주를 물처럼 마시는 아저씨들의 진풍경이 펼쳐진다. 김이 모락모락 나는 어묵을 먹기 위해 포장마차에 갔더니 어부들인 듯 3~4명이 모여서 강소주에 어묵을 안주 삼아 살아가는 얘기를 나누고 있었다. 세상에 태어나서 소주 1병을 단번에 마시는 경우는 처음이다. 물론 내가 한 것이 아니라 그러한 진풍경을 목격한 것이다. 왜 그렇게 소주를 빠르게 드시냐고 물으니 바닷가에서 어부들은 원래 그렇다고 한다. 진정한 바다 사나이의 정취가 물씬 풍기는 장면이다. 그렇게 3병을 마시고는 홀연히 사라진다. 뒷모습에서 힘겹게 살아가는 어부들의 삶에 대한 고뇌가 나도 모르게 느껴졌다.

검은 봉지에 생선을 들고 한쪽에는 강아지 줄을 부여잡고 일렁이는 파도를 바라보며 나의 산책을 마감하고 있다. 이렇게 파란 바다는 세월이 지나도 여전히 파란 자태를 뽐내며 자랑하고 있겠지 싶은 생각이 들었다. 넘실넘실 출렁이는 파도는 어쩌면 우리 모두에게 큰 숙제를 주는 것 같다. 어디 한 번 나를 타고 넘고 다녀보라는 그런 무시무시한 메시지와 함께 그렇게 높은 파도를 넘어서 지나가면 과연 다음 파도는 없는 것인지에 대한 의문점, 하지만 그래도 살아야겠다는 삶에 대한 끊임없는 열정이 내면에서 조금씩 피어남을 느낀다. 바다는 우리에게 늘 그러한 존재이다. 두려움과 공포, 그러면서 넘어야 할 대상, 그러면서 웅장함과 자태에서 뿜어내는 끊임없는 힐링의 기운들!! 갑자기 모든 고뇌가 한꺼번에 씻어내려 가는 기분이다. 철썩 한 방 때리고는 홀연히 사라지는 그 뒷모습에서 난 다시 한번 나 자신의 삶을 돌이켜보게 된다. 이 파도처럼 언젠가는 나도 이곳에서 사라질지 모르겠지만 그래도 나의 남은 삶을 좀 더 의미 있게 살아야겠다는 다짐을 하게 된다. 내 한쪽 팔에는 나의 팔을 억누르는 무거운 검은 생선 봉지가 나의 팔을 짓누르지만, 마음 한쪽에는 그 짓누름을 딛고 이 녀석들을 빨랫줄에 말릴 희망의 싹을 피우고 있다.

주문진에서의 색다른 삶!! 아침에 산책하면서 느끼는 감정들!! 그리고 만나는 사람들에게서 나는 새롭게 피어나는 나의 삶에 대한 기대로 행복을 수놓고 있는지도 모른다.

만남과 만남의 행복회로

난 낯선 사람을 만나는 것을 좋아한다. 물론 몇 번의 사기를 통해 사람 만나는 게 두렵기도 하지만 그래도 신분만 확실하다면 굳이 만남을 거부할 필요는 없기에 새로운 만남에 될 수 있는 대로 동참하려고 한다. 파파총회라는 이름으로 아파트에서 모임이 개최되었다. 사실 이런저런 구실이나 핑계로 가지 말아야 하는 생각이 뇌리에 수십 번 요동쳤고 그러던 차 또 스케줄이 몇 개가 겹쳐 더더욱 내 생각은 확고하여 가지 않는 게 낫겠다는 판단을 했다. 전날 만난 창규한테 갑자기 메시지가 왔다. 아마 예상 이외의 많은 숫자에 창규가 마음이 동했나 보다. 형님 갈 거냐는 메시지를 보는 순간, 이 친구 갈 것 같으면 나도 당연히 가야겠다는 생각을 하며 이후 예정된 일정을 취소했다. 너무나 미안했다. 9시쯤 1차가 마치니 그때 기존에 예정된 곳에 조인하기로 하고 창규가 라이드해주는 차량에 몸을 실었다.

대학생으로 돌아가 일명 모꼬지 엠티에 참석하는 기분이었다. 이미 기존에 판형님이 전화해서 모임에 참석하기를 종용하던 자 형님 얼굴도 한 번 더 볼 겸, 게다가 동분서주하며 열심히 일하는 하늘이를 우연히 아파트 단지에서 산책하다 만난 후 이렇게 주변에서 열심히 준비하는데 모습을 나타내지 않는 것도 나름의 개인적인 죄책감도 들었는데 이렇게 낯선 곳에서 새로운 다수의 사람을 만나는데 도전해보리라 생각했다. 물론 몇천 명 앞에서 강연을 할 때도 낯선 사람들을 만나지만 그들은 한 번 만난 후 다시 안 봐도 상관없지만, 아파트는 행여 단지에서 우연히라도 만날 수 있기에 더더욱 조심스러운 자리이기도 하다.

차량을 같이 탑승할 사람을 구하던 차, 기존에 알고 지내던 승태 이외에 새로운 낯선 사람을 만나게 되었다. 처음 보는 순간, 당연히 어색함은 있었지만 너무나 서글서글한 태도에 난 진한 감동하였다. 그 짧은 시간 안에 누군가의 인생을 들여다보며 그의 삶에 귀를 기울이는 것도 나름 큰 매력이 있었다. 체대를 나오고 수영강사를 하다가 이제는 경기고 앞에 국숫집 오대리 국수를 경영하는 정호한테 최근 그가 살아가는 인생 철학을 듣게 되었다. 굳이 주말까지 일해도 수익은 별반 차이도 없고 강남에서 직원을 구하기도 힘들뿐더러 임금으로 모든 경비를 지출하면 결국 돈을 버나 벌지 않으나 똑같기에 이제는 자신과 주방에서 일하시는 이모님과 단출하게 알지만, 알짜경영방식을 통해 실속을 챙기고 있었다. 난 오늘 여기에서 하고 싶은 이야기는 너무나 밝고 긍정적인 정호의 생활습관과 철학이다. 나도 얼마나 많은 사람을 만나고 살아왔을까? 상담을 진행하다 보면 단지 몇 마디만 나눠봐도 그 사람이 어떤지 어떤 성향인지 어떤 캐릭터를 가진 사람인지 거의 다 파악할 수 있다. 이에 비추어 정호는 너무나 사람을 그리워하고 이들과의 교류에서 행복을 찾고자 하는 찐 친구임을 깨닫게 되었다. 너무나 선한 그의 말투와 행동에서 인간다운 이끌림을 갖게 되었다. 마치 그 전날, 굳이 술이 아니어도 커피를 마시면서 창규와 몇 시간 이야기하며 그의 삶에 관해 이야기를 듣게 되고 뭔지 모를 친근감에 이끌려 이제 이 아파트 생활도 전혀 외롭지 않을 것이라는 기대감에 설렌 것과 마찬가지의 감정일 것이다.

조만간 마음 맞는 친구들이랑 정호네 가게에 가서 국수는 물론 밤부터는 간단한 주류도 판매한다고 하니 청담동의 멋진 국숫집에서 인생의 묘미를 즐길 생각이다. 뜻하지 않은 만남에서 내가 기대하는 것은 오롯이 사람 그 자체이다. 앞으로 얼마나 사는지 모르지만 남은 기간은 정말 전혀 더하기 빼기 없이 오롯이 사람과의 진정한 교류를 추구하고 싶다.

내가 어제 파파총회에서 만난 사람들은 모두 정말 인간다운 교류에 목말라 찾아온 사람들이었다. 다 기억할 수는 없지만 나보다 연배가 높으신 형님들부터 시작해서 기존에 알았던 사람들, 또한 새롭게 만난 사람들 정말 다 소중한 인연이라고 생각한다. 자기를 꾸미는데에도 다들 일가견이 있는 것 같고 사회에서는 이미 탑이라고 자부하는 친구들에 이르기까지 각자 자기의 색깔을 아름답게 드러내고 있었다.

나이가 물론 적잖이 먹었지만 그래도 형들 앞에서 자신을 낮추며 편하게 대해달라는 정묵이의 태도에서 난 또 감동하였다. 물론 나 역시 젊었을 때는 굳이 복잡한 인간관계를 맺을 이유나 그 소중함을 몰랐다. 왜냐하면, 내가 가야 할 앞길이 너무나 멀고 하루가 멀다고 쏟아지는 일명 공부의 산더미 속에 그냥 앞만 보고 달렸다. 어느 순간, 나이를 먹어가면서 내가 잃어버린 사람들과 소중한 관계를 돌이켜보게 되었고 그 덕분에 강연이든 책이든 또는 실제로 사람을 만나서 이들과의 소통을 통해 자녀 상담이나 기타 개인적인 문제를 논의하면서 더더욱 사람에 대한 이해가 소중하고 만남이 아름다움을 깨닫게 되었다. 이론적으로 심리학을 공부하는 것에서 벗어나 내가 제자들을 가르치면서 느낀 것은 영어 한 단어나 시사상식 몇 가지를 더 알려주는 것이 아닌 참된 인간관계의 소중함을 알려주는 것이었다. 일명 인품이라고도 하는데 그 사람의 가치는 절대 돈으로 살 수 없는 타인에 대한 배려와 상대방을 사랑하는 마음일 것이다.

교포라고 자기를 소개한 쌤도 너무나 강인한 기억으로 남았다. 오히려 영어로 대화하는 게 더 편한 쌤과의 대화에서 유학에서 친구를 만난듯한 느낌이 들었다. 무엇보다 5살 때 캐나다로 이민 가서 몇 십 년 만에 다시 찾은 한국을 사랑하게 되고 그래서 온라인 영어사업을 통해 한국에 정착하고 있다는 쌤과의 대화에서 그리고 무엇보다 마음을 열고 상대를 아끼며 자신이 가진 소중한 것마저 주저하지 않고 내어놓는 그의 배려에서 너무나 사랑스러운 마음을 읽게 되었다. 앞으로 더 많은 교류를 통해 이 친구를 알아가고 싶은 마음이 들었다. 난 사람에게서 느껴지는 매력의 흥취를 좋아한다. 어떤 사람인지 궁금한 호기심을 발동시키게 되면 난 그 사람이 너무나 좋다.

정묵이가 우연히 자기소개에서 만일 자신이 공부한 연대에서 석사까지 하지 않고 돈을 벌었다면 어땠을까 하는 말에서 Frost의 The road not taken이 생각났다. 내가 선택하지 않은 길에 대한 간절한 희망과 바람, 나름의 후회일 것이다. 나 역시도 이런 생각에 그렇게도 많은 학교에 다니면서 어쩌면 지금까지도 공부를 계속하는지도 모른다. 하는 과정은 쉽지 않았지만 그래도 다양한 공부를 한 덕분에 이번에 올해 6번째 출간하는 책인 전박사의 살며 사고하며1-지식과 문학 창고에 등장하는 다양한 분야의 글을 조심스럽지만 쓸 수 있었다. 어제 막 탈고를 끝난 250페이지 분량에 달하는 글을 쓰면서 나름 힘들기도 했지만 그래도 졸작이지만 원고를 마치고 출판사에 넘길 수 있음에 감사를 드린다.

언젠가 아파트를 산책하다가 누군가 반갑게 인사를 해서 놀란 적이 있다. 마스크를 착용했는데도 반갑게 인사를 해주는 그 누군가가 바로 어제 만난 찬욱이다. 날렵한 몸매는 평소 절제 있는 생활과 자전거 하이킹을 통해 단련된 결과라고 생각이 들 만큼 차분한 말투는 물론 긍정적인 사고방식과 매너에 적잖은 감동이 밀려왔다.

89년생 막둥이라고 단톡방 부방장을 맡으며 중차대한 일들을 진행하고 있는 태준이의 전번을 저장하고 카톡을 보는 순간, 왜 이렇게 젊은 친구가 현재 자신이 하는 보험사 선정을 비롯한 그렇게 많은 자격증을 보유한 전문가이자 금융센터장을 하는지 이해할 수 있었다. 어제 그가 발견한 90년생 또 다른 친구 역시 길에서 잠깐 스쳐보며 이야기를 나눴는데 너무나 매너가 있는 친구여서 좋았다. 그리고, 늘 말로만 듣던 태형이 역시 어떤 뜻하지 않은 술자리에서의 다소 불편함을 매너를 갖추고 슬기롭게 대처하는 방식이 참 마음에 들었다. 난 사실 이 짧은 기간에 너무나 많은 사람을 만나서 잘은 모르지만 그래도 50대인 내가 그리고 상담을 진행하면서 느낀 노하우가 있기에 몇 분 만에 사람을 간파할 수 있다. 첫인상은 어차피 15초 만에 결정되는 것이다. 그만큼 첫 만남은 소중하다는 뜻일 것이다.

지난번 번개팅에서 만난 인피니엘 진원이 역시 나의 뇌리에는 멋진 친구로 기억된다. 그가 살아가는 삶의 방식은 나름의 철학이 있다. 그리고 그가 던지는 말 한마디 한마디가 기억에 남아 잔상으로 여울진다. 지금은 비록 그가 나를 위해 무언가를 해줄 수는 없지만 그리고 지금은 그가 유창한 영어는 못하지만 그래도 지금부터 열심히 해서 언젠가는 나한테 도움을 줄 수 있는 그런 위치에서 그리고 쌤과 나와의 영어 대화에 자유롭게 끼어들면서 함께 대화할 정도를 만들기 위해 미국 지사장으로 발령을 받아야 하나요? 할 만큼 넉살도 있는 그의 밝은 미소와 유쾌함에서 난 너무나 이 세상을 살아가는 큰 기쁨을 느낀다. 매너에 소통능력까지 갖춘 그를 싫어할 사람이 누가 있을까?

난 살면서 매너가 있는 사람이 좋다. 누구나 다 그러할 것이다. 매너라는 것은 별것이 아니다. 물론 나 역시도 어쩌면 변화와 혁신이라는 이름으로 다양한 계층의 사람들을 만나고 또 그들을 나름 긍정적인 사고를 지니며 일하도록 도와주는 강연 또는 자녀교육 및 진로와 관련된 일을 하지만 내가 늘 느끼는 가장 소중한 점은 바로 최소한 상대를 배려하고 아끼는 따뜻한 인성을 갖춘 사람이 되도록 퍼실러테이터의 역할을 하는 것이다. 난 많이 가졌다고 많이 안다고 또는 사회적 지위가 높다고 그 사람한테 매력을 느끼지는 않는다. 내가 좋아하는 사람은 그저 마음 따뜻하고 배려하는 인품이 있는 매너있는 사람이면 그 어떤 일을 하든 나는 좋다. 너무 계산적이지 않아서 때로는 살아가면서 불편함이 있을지 모르지만, 지금까지 그런 마인드하에 자유로운 영혼으로 살아왔고 또 그렇게 살 것이다. 그리고 나는 내가 가르치는 학생들이 이 사회에서 올바른 인격체를 가진 반듯한 사람이면 그걸로 족하다.

내가 조금 잘났다고 조금 더 가졌다고 으스대는 사람은 사실은 두 번 다시 만나고 싶지 않다. 그리고 성향 자체가 내가 과격하지 않아서 그런지 너무 공격적인 사람은 좀 두렵기도 하다. 굳이 이 나이에 스트레스를 받으며 그들과 논쟁을 할 필요가 있을까 싶다. 물론 발전을 위해 논쟁이 필요하다고 생각되면 할 수도 있지만 나 역시 지금은 경쟁에서 벗어나 자유로운 삶을 추구해서 그런지 굳이 그런 관계는 회피하고 싶은 게 속마음일 것이다.

물론 현대사회에서 어찌 다 입맛에 맞는 사람과 교류를 하겠냐마는 다행히 나는 그러한 이권에 개입된 것이 없기에 아직은 일명 코드가 맞는 사람들과 행복한 삶을 살고 싶다. 아파트 단지에서 언제든지 부담 없이 즐겁게 만나며 살아가는 이야기를 할 수 있고 어쩌다 보니 먹은 나이이지만 그래도 나 역시 나이에 대한 예의를 소중히 생각하는 사람이기에 서로를 존중하며 만나서 차 한잔 또는 가볍게 치맥을 사이에 두고 고민을 들어줄 수 있는 그런 관계를 희망하였는지도 모른다.

내가 우스갯소리로 하는 말이 난 비즈니스로 만난 경우는 절대 그 이상의 관계를 맺지 않는다. 사실 맺기도 쉽지 않음을 많이 느꼈기 때문에 그냥 일 그 자체로 끝이 나는 경우가 많지만, 아파트에서는 정말 순수한 만남 그 자체이기에 이렇게 친해지면 그냥 편하게 돈과는 전혀 상관없이 자녀 이야기든 인생 고민이든 나름의 솔루션을 줄 수 있다고 생각한다.

물론 어제 파파총회는 다양한 목적하에 개최되었을 수도 있다. 난 다른 것은 잘 모르겠다. 그냥 다들 느낀 것처럼 마치 대학생으로 되돌아가 정말 순수한 마음으로 이 모임에 참석했고 그래서 청춘으로 돌아간 듯한 흥싯거림에 서로를 소개하고 알아가는 소중한 기회였고 친선의 장이었음을 고백한다. 아파트 단지에서의 만남이기에 절대로 이권이 개입되지 않은 학창시절의 만남처럼 순수함 그 자체라고 말할 수 있다. 우린 대학을 졸업하면서 얼마나 많은 인간관계를 맺어왔단 말인가? 그런데 그 만남에서 우리가 얻은 것은 과연 무엇이냐고 묻는다면 그저 피상적인 만남이 아니었을까 그런 생각이 든다. 왜냐하면, 늘 경계심을 갖고 누군가를 대했기 때문이다. 내가 느낀 어제의 만남 그리고 글을 쓰면서까지 느끼는 소중한 감정은 너무나 사람을 그리워하고 그 그리워하는 마음이 단지 1차로 끝나지 않고 2차까지 이어지면서 행복을 마구마구 퍼다 나르는 엔돌핀이 샘솟는다는 점이다.

새로운 만남에 주저해서 다들 망설인 면은 있지만 나름, 이 만남에 대해 정리를 하자면 난 서로를 좀 더 알아가고 서로를 이해하며 좀 더 친해지고자 노력하는 트리거가 되었다고 생각한다. 앞으로 같이 살아가는 공간에서 소중한 인연이 만들어진다면 여행이든 취미든 운동이든 더 많은 교류를 통해 진정 사람 살아가는 맛이 은근히 풍기는 그런 세상이 될 것이다. 현대인은 다 고독하다. 설령 가정을 꾸리고 있든 그렇지 않든 누구나 자신만의 고독이 있다. 물론 그 고독을 혼자 해결하며 자아가 직면한 문제를 해결할 수 있지만, 어차피 인간이기에 그리고 때로는 너무나 아끼는 가족이기에 함께 이야기할 수 없다면 진정한 친구가 필요할 것이다. 뒤늦게 만난 인연이지만 그래도 지금부터 소중하게 가꾸어 나간다면 앞으로 남은 기나긴 시간 동안 또 아름다운 인연으로 추억의 멋진 장면으로 남아 훗날 기억의 반추에서 그래도 인생 참 살고 소풍 와서 행복했노라고 고백할 수 있을 것이다.

다가오는 아파트 지인과 멋진 여행이 기대되는 것은 또 누군가를 만나서 소중한 나의 삶을 하나하나 멋지게 디자인할 수 있을 것이라는 행복회로때문일 것이다. 마음의 문을 열기는 쉽지 않지만 그래도 조심스럽게 열고 서로 부족한 부분을 채워주면서 살아간다면 더 멋진 세상이 될 것이다.

서핑의 메카 양양의 추억

연일 양양에 대한 방송보도는 물론 SNS에서의 인증샷이 화제되고 있다. 사실 신문보도자료에 대한 댓글을 보면 거의 부정적인 글이 많다. 아마 양양에 와서 이 신나는 문화를 즐기지 못해서 그런가 싶기도 하고 아니면 진짜 양양에 대해 몰라서 저렇게 막말을 하는가 싶기도 하고 많은 생각이 든다. 그런데, 내가 생각하기엔 서울을 한 번도 가보지 않고서 서울에 대해 이러쿵저러쿵 이야기하는 것과 같다는 생각이 든다.

내가 살면서 바라본 양양은 핫함 그 자체이며 젊은이들 말로 핫플 인정인정이다. 사실 7-8년 전, 이곳에 친한 동생이랑 땅을 사러 온 적이 있었다. 당시 강릉, 속초, 양양, 고성 이 일대를 돌아다니면서 어디가 좋을까 생각하며 다녔는데 우연히 양양이 앞으로 비전있을거라는 어느 분의 말을 듣고 찾아왔는데 너무나 깡어촌 그 자체라 살짝 실망했었다. 이곳이 과연 앞으로 얼마나 비전이 있을지 전혀 감도 잡지 못한 채 두리번두리번 부동산을 기웃거렸는데, 허름한 건물 상가에 간판도 제대로 보이지 않는 부동산이 있어서 땅 사러 왔다고 했더니 대뜸 얼마나 살 것인지 일명 간부터 보기 시작했다. 여차저차 말씀을 드렸더니 무조건 기다리라고 했다. 지금 상담전화가 많고 상담하시는 분들이 많아서 몇 시간은 기다려야 한다는 말에 기분이 상했다. 그래서, 단도직입적으로 평당 얼마냐고 했더니 기본 300이라고 했다. 당시 300은 진짜 목좋은 바닷가 전원주택 부지가 그 정도 가격이었는데, 너무나 우리를 일명 호구라 보나 싶어서 그냥 두 말 하지도 않고 그 부동산을 나와버렸다.

세월이 흘러 요즘 보도자료를 보면 그 때 못 산 땅이 불과 몇 년 사이에 양양에 서핑 붐이 일고 서핑메카로 자리매김함에 따라 무려 10배나 뛰어 3천만원이라고 하며 아예 물건도 없다고 한다. 며칠 전, 중국집 매매라고 해서 물건이 나왔는데 불과 며칠만에 거래되어 이제는 타이음식점으로 탈바꿈한 것을 보면서 격세지감을 느낀다. 역시 부동산은 타이밍인가 싶기도 하고 온갖 잡생각이 뇌리를 스친다. 당시 같이 갔던 후배 동생이 조금만 더 참을성있게 부동산 할아버지의 냉대를 견디고 기다렸다면 아마 우리한테도 좋은 물건이 오지 않았을까 싶기도 하고 그러면 또 다른 인생역전이 되었을텐데라는 생각이 든다. 하지만, 인생 살아보니 어차피 부동산은 타이밍이기도 하지만 다 자기 주인이 따로 있다는 생각이 들었다. 예전에 제주도 땅만 해도 사뒀더라면 지금은 수십백, 수백배가 뛰어 굳이 일을 하지 않아도 될 것이다. 아마 신께서는 나에게 일확천금이나 불로소득보다는 열심히 땀흘려 돈벌라는 계시를 주신듯 싶다. 요즘 젊은이들이나 중장년 할 것 없이 모두가 주식이나 코인에 올인하여 돈을 벌었다는 얘기를 많이 듣는다. 물론 나와는 전혀 상관없는 다른 나라의 이야기이기는 하지만, 솔직히 좀 부럽기도 한 반면 이제는 그런 물욕을 내지 않을만큼 마음의 여유가 생긴 나이가 들고 말았다. 게다가 지금은 누가 먼저 죽음의 늪에서 탈출하느냐가 지능순위를 가린다는 일명 혹성탈출이 되어 주식을 하시는 분들은 정말 고통의 나날을 보내는 것 같다. 비트코인도 두말할 필요가 없는 것 같다. 부동산마저 영끌을 외치며 그렇게 부르짖더니 이제는 잠잠한 추세인 것 같다. 그런데 언제까지 이런 흐름을 탈지 의문이 든다. 러시아와 우크라이나 전쟁으로 세계는 현재 자원부족으로 원자재 가격이 폭등하여 심지어 대기업마저 아파트재건축이나 재개발에 입찰도 잘하지 않고 신규아파트 건설에 부정적인 자세로 관망하는 입장에 물량부족이 발생하면 지금 당장이야 고금리로 일시적 부동산이 주춤할 수 있지만 어차피 아파트 가격은 물건이 없다면 일정시간이 지나면 수요공급의 법칙으로 올라가지 않을까 생각한다.

다시 본론으로 들어가 양양을 얘기하자면 사실 해외로 서핑을 즐기러가던 젊은 수요층이 이제는 거의 모두 양양으로 회귀함에 따라 양양은 소규모 인구에도 불구하고 전국적으로 가장 젊은층이 많이 유입되고 실제 상주 인구도 많이 늘어난다는 얘기를 들었다. 처음 이곳에 와서 젊은 사람들을 봤을 때 난 여기가 동남아인가 싶었다. 정말 외국인가 싶을 정도로 태닝을 짙게 하고서 긴 머리를 휘날리며 서핑을 멋드러지게 하는 분들이 난 한국인이라고는 상상도 못했다. 그런데, 길거리에서 마주친 그들이 너무나 유창하게 한국말을 하는 모습을 보면서 이 분들이 찐한국사람임을 알게 되었다. 이런 분들의 공로로 이제 양양은 그야말로 국제적인 도시가 된 느낌이다. 거기에는 서핑이 가장 주요한 역할을 했지만 택시 기사님의 말씀을 빌자면 어느 순간 갑자기 사람들이 모여들기 시작하면서 이곳은 사랑을 찾는 젊은이들의 메카가 되었다는 것이다. 일명 부킹이라는 말로 설명을 하셨는데 연세드신 기사님들마저 이렇게 말씀하실 정도이니 가히 그 열기를 짐작하고도 남음이 있다. 젊은 청춘남녀가 사랑을 찾고 즉석데이트를 하기엔 양양만큼 좋은 곳도 없나보다. 길거리에 흘러나오는 음악에 맞춰 너나 할 것 없이 젊은 청춘들은 누구나 몸을 신나게 흔들며 춤을 춘다. 심지어 서피비치에는 외국인들에게 입소문이 났는지 정말 각국에서 온, 아니면 한국에 상주하는 외국인들이 한번은 거쳐야할 핫플로 인정받아 엄청나게 이 곳을 찾아 즐거운 시간을 보내는 것 같다.

사실 클럽을 가끔 찾는 이유는 젊은이들의 열정과 활기, 생기, 낭만을 함께 공유하기 위해서이다. 마음은 간절하지만 이제는 몸이 따라주지 않는 상황에서 이제는 클럽에 들어가려고 입구만 가도 갑자기 5-6백만원 상당의 술을 먹어야지만 들어갈 수 있다는 말에 좌절감을 느끼다가도 입장에는 까탈스럽지만 그나마 야외에서도 음악은 즐길 수 있어서 굳이 안에 들어가지 않고 밖에서 리듬감에 몸을 맡기는 것만으로도 감사하게 청춘의 낭만을 조금이나마 즐기게 된다. 그런 측면에서는 서피비치가 당연코 이런 개방성에 있어서 가장 선두주자가 아닌가 생각이 든다. 굳이 자리에 따라 술값을 책정하지 않고 누구나 자유롭게 와서 편하게 춤추며 맥주 한 잔으로 삶의 힘듦이나 스트레스를 한 방에 날릴 수 있음에 더더욱 많은 인파가 서피비치를 찾는게 아닌가 그런 생각이 든다. 자신이 누리고 가진 것을 사회와 함께 공유하며 환원하고자 하는 서피비치 CEO 제이 박의 깊은 뜻이 담겨있다고 생각한다. 나같이 혼자 그냥 음악이나 춤을 잠깐 즐기고자 하는 이들에게는 서피비치만큼 좋은 펍은 없다고 생각한다.

여기서 잠깐 짚고 넘어가고 싶은 것은 양양 인구해변에 위치한 어느 한곳의 눈살찌푸리는 상술이다. 물론 여성 고객이 필요하긴 하겠지만, 여성 고객들은 굳이 비싼 술을 마시지 않아도 입장이 허용되고 나같은 중년은 아예 들어가지도 못하게 주말이면 아예 폐쇄정책으로 몇백만원이 넘는 양주를 마셔야 입장이 가능하다고 하니 이 어찌 나이들어감을 서러워하지 않을까? 그래도 입장만 시켜주면 신나게 잘놀 자신이 있는데 이런 면에서는 조금 슬픈 느낌마저 든다. 물론 사람이 없을 때에는 어서 오십쇼라고 하면서 호들갑아닌 호들갑을 떨며 기쁘게 맞아주기도 한다. 그 때 만난 친구가 태진인데, 사실 태진이 이 친구하고는 풀장이 있는 클럽에서 직접 놀지는 않았다. 다만 먼발치에서 어쩌면 저렇게 젊은 여성들과 잘노는 젊은 친구가 있지?라며 못내 부러운듯 하염없이 가끔 바라본 적이 있다. 누가 봐도 참 멋스럽게 잘놀아서 난 내 생각에 20대 청년인가 싶었는데 나중에 먼저 자리를 뜨면서 살짝 스칠 기회가 있었는데 그 때 갑자기 90도로 깍듯하게 예의를 갖춰 인사하며 이번에는 같이 못놀았지만 다음에는 꼭 형님과 신나게 놀고싶다며 자신의 이름을 알려주고 심지어 내 번호까지 알려달라고 해서 그렇게 인연은 시작되었다. 나중에 네이버 검색을 했더니 헬스클럽을 운영하며 심지어 영화출연까지 하는 끼가 다분하고 재능이 많은 20대가 아닌 헉 30대 중반의 건실한 CEO였다. 난 이 친구에게서 본받을 점이 있다고 생각하는게 누군가에게 먼저 다가가 아는척하고 인사하며 매너를 갖추며 사람을 사귀고자 노력하는 점이다. 사실 이런 곳에 와서 휴가를 즐기는 사람치고 악한 사람은 없을 것이다. 그런 측면에서 즐겁게 와서 노는데 게다가 누군가와 인연을 맺고 즐거운 시간을 함께 하고자 하는 긍정적인 마인드까지 갖췄다면 이는 분명 높이 평가할만하다고 생각한다.

이렇게 양양은 새로운 사람들끼리 만나서 즐겁게 놀면서 또 다른 인연을 만들기에 참 좋은 장소이다. 나도 이곳에서 서피비치를 경영하는 준규를 비롯해서 스시코우와 대형커피숍을 운영하는 창호, 그리고 특전사에 근무하는 지윤이, 그리고 태진이에 이르기까지 정말 많은 사람들을 만났고 아직도 연락하며 교류하고 있다. 옷깃만 스쳐도 인연이 될 수 있지만, 그 스친 옷깃을 더더욱 곤고히 해서 다음을 기약하는 것은 각자의 노력이라고 생각한다. 간혹 사람들을 보면 물론 성향이 맞지 않아서 또는 바쁘다는 핑계로 그럴수 있지만 인연을 맺고도 그 다음 노력을 하지 않는 경우를 많이 본다. 참 안타깝다는 생각이 들면서도 때로는 각자의 사정을 이해하게 된다.

그런 면에서 진수와 상규는 참 많은 것을 생각하게 만든다. 아파트 파파총회에서 만나 서로를 소개하는 자리에서 솔직히 두 친구는 참 다가가기 불편하다고 생각했다. 너무나 강한 캐릭터에 또한 뭔가 모를 이질감이 은근 다음 만남을 기약하기에 아쉽다는 생각이 들었다. 시간이 흘러 이 둘은 그래도 사람들과의 교류를 간절히 희망하고 먼저 만나서 맥주 한잔이라도 마시자는 나름 어려운 얘기를 파파톡방에 종종 올리곤 했다. 사실 누군가를 만나자는 제안은 거절의 두려움이 있기에 쉽사리 하기 어렵다. 그럼에도 이 두명은 끊임없이 사람들과의 교류를 간청했고 이런 모습이 나에게는 기존에 가졌던 첫인상을 조금씩 바꾸는 계기가 되었다. 그리고 어느날 시간이 흘러 진수가 너무나 따뜻한 글귀와 함께 안부인사를 전해왔다. 그래서 굳이 모임을 다음기회로 미룰 이유가 전혀 없어서 우리는 당장 약속을 잡고 이탈리안 레스토랑에서 무려 1시간이 넘는 대기시간을 함께 하며 이런저런 얘기를 나누면서 살아온 삶에 대해 이야기를 하게 되었다. 그 중에 가장 기억에 남는 말은 자기는 핸드폰에 저장된 사람들에게 최소한 한 달에 한번은 꼭 전화든 문자든 연락해서 안부를 전하고 교류를 하고자 한다는 점이다. 게다가 심지어 군생활 같이 한 부대원들과 아직까지 친목을 도모하며 자기가 리더가 되어 모임을 주최한다는 말에 기존에 내가 가졌던 첫인상의 편견과 선입관이 얼마나 잘못되었는지 반성하게 되었다. 진수의 긍정적인 면이 참 보기 좋았다. 그리고 장규 역시 어느날 아파트 입구 편의점에서 만나 이야기를 나누는 가운데, 그리고 가끔 장규가 단톡방에 남긴 글을 보면 정말 이렇게 섬세하고 세심한 마음씀씀이를 가진 친구가 있을까 그런 생각이 들었다. 나중에 웹툰 소설도 쓰고 싶다는 장규의 말에 그의 문학적인 진면목까지 읽게 되어 의미있는 시간이었다. 물론 진수는 장규가 너무 많은 얘기를 해서 귀에 피가날 정도의 각오를 해야 장규를 만날 수 있다고 우스개 소리를 하지만 이 둘은 벌써 찐친임에 틀림없다. 이미 의형제나 다름없는 신뢰가 쌓였다는 생각이 들었다.

그런 면에서 최근에 운동멤버로 함께 만나는 춘배, 천중이, 찬욱이 그리고 주말에 함께 하는 정호 역시 참 소중한 친구들이라고 생각한다. 청담동에서 오대리 국수를 경영하는 정호는 사정상 주말이 되어야 좀 편하게 만날 수 있지만 그럼에도 평일 일까지 빨리 마치고 모임에 참석하는 그의 열정에 난 늘 감동을 받는다. 밤 9시나 10시가 되면 으레 약속한 듯 만나서 아파트 단지는 물론 아파트 인근 하천을 산책하거나 심지어 나를 제외한 멤버들은 조깅까지 하는 모습에 나도 얼른 살을 빼고 동참해야지라는 생각이 든다. 건강이 제일 중요한데 우리는 평소에 너무 잊고 사는 것 같다. 아예 태능선수촌 멤버로 들어가야 할것 같은 찬욱이의 끝없는 도전정신과 스태미너는 과연 어디에서 나오는지 궁금하다. 그리고 잔잔하게 운동하지만 한번도 쉼없이 매일 규칙적인 삶을 사면서 운동하는 춘배 역시 참으로 본받을게 많다고 생각한다. 언젠가 춘배와 뒷산 약수터까지 함께 하며 참으로 긴시간 많은 사적인 얘기를 나눴는데 이 또한 소중한 추억으로 되살아나곤 한다. 천중이는 긍정에너지를 지닌 밝음의 아이콘으로 늘 만나 얘기를 해도 전혀 부담없는 편한 친구이며 뭔가 있으면 서로 나눠주려고 하는 모습이 나와 닮아서 때로는 깜짝 놀라기도 한다. 베품에 있어 마음이 넉넉한 사람은 그것만 해도 늘 부자이고 행복하다고 확신하기에 천중이의 먼저 다가서기가 참 인상적이고 보기 좋다. 정호 역시 늘 사람들과 만나 소통하기를 즐겨하는 이 시대의 마지막 로맨티스트라고 할 정도의 감성 풍부한 친구이다. 다들 나보다는 나이가 6살에서 10살 어린 동생들이지만 난 이 친구들에게서도 삶에 대한 열정과 함께 있으면 기쁘고 좋다는 밝음의 시너지를 얻게 된다. 하루하루 일상에 지쳐 그냥 널부러져 있고 싶은게 사람들 본심이겠지만 그래도 꿋꿋하게 밤마다 운동하는 산책멤버들이 있어서 나 역시 하던 일을 잠시 관두고 함께 운동도 하고 때로는 맛있는 것을 만들거나 아니면 맥주라고 한 캔 하면서 이야기를 나누는 가운데 친함의 의미가 무엇인지 늘 깨닫게 된다.

같이 있다 보면 먼저 챙겨주고싶은 마음이 드는 걸 보면 짧은 시간이지만 참으로 친해진 것 같다. 어쩌면 요즘 내 삶에 가장 소중한 또 다른 가족이 아닌가 그런 생각도 든다. 앞으로도 더더욱 이런 관계를 소중하게 잘 엮어나가고 싶다. 그리고 단톡방에 함께 있는 멤버들 역시 비록 자주 만나지는 못하지만 그래도 카톡이나 전화, 메세지를 통해 안부근황을 함께 하기에 참 소중한 친구라고 생각한다. 하지만, 난 개인적으로 온라인보다는 오프라인에서의 만남을 훨씬 선호하기에 이들과도 바쁜 일정이 끝나면 한 번 만났으면 싶다.

행복이 뭐냐고 나 역시 사람들에게 많이 묻고 때로는 질문받으며 나 자신한테도 끊임없는 의문을 제기하기도 한다. 행복은 굳이 멀리 있어서 함께 할 수 없는 사람들과의 억지스런 만남을 추구하기보다는 옛 어르신들 말씀처럼 이웃사촌의 개념으로 비록 아파트에 거주한다고 해도 서로서로 자주 만나며 이들과 일상을 공유하고 서로 아픔은 함께 하고 즐거움은 같이 하는 소소함 그 자체가 아닌가 생각해본다. 그리고 정호가 언젠가 한 말처럼 물론 주말에 영업을 하면 가게 수입은 올라가지만 소중한 가족과의 추억을 만들 수 없기에 자신은 돈으로 살 수 없는 행복을 택한다고 했다. 정말 일리가 있는 말이라고 생각한다. 아직 나이어린 유치원생 아들과의 추억을 더 만들어주기 위해 시간적 투자를 하는 정호를 보면서 이전의 부모님 세대와는 또 다른 요즘 아빠들의 자녀사랑 트렌드를 읽게 된다. 가끔 보도되는 너무나 치명적이고 극단적인 부모와 자녀와의 갈등과 끔찍한 사건사고를 제외하면 대체적으로 요즘 젊은 30-40대 부모들은 자녀에게 거의 극진한 공을 들이고 있음이 분명하다. 굳이 물질적인 측면을 떠나 바쁜 기존 부모님들과 더 많은 시간을 보내지 못해 아쉬운 추억과 사랑을 이제 젊은 부모들은 시간적 할애를 하면서 자녀와의 추억쌓기에 바쁜 것 같다. 캠핑부터 시작해서 같이 요리하기, 놀아주기 그리고 무엇보다도 예전에는 상상도 못한 자녀 잠재우기를 아빠들이 도맡아 하는 것을 보면서 격세지감을 다시 한 번 느끼게 된다. 내가 어릴 때만 해도 잠재워주는 관습이 있었나 생각해보면 절대 아니기 때문이다. 때로는 극성스러운 아빠인가 그런 생각도 들지만 열에 아홉은 자녀를 직접 아빠들이 재워주는 모습에 진한 감동을 받는다.

잠시 다시 양양에 머물면서 아파트 단지에 두고 온 친구들이 문득문득 떠오른 것은 그들과의 추억이 함께 숨쉬기 때문이다. 굳이 여행온 나에게도 하루에 몇번 카톡을 보내고 영상통화를 하기도 하고 전화통화를 하는 이들에게서 끈끈한 정을 느끼게 된다. 휴양이니 휴식이니 그만하고 어서 빨리 아파트 돌아와서 가볍게 치맥도 하고 운동도 같이 하자는 말에 원래 계획을 접고 돌아가야하는것은 아닌지 갖가지 생각이 드는 것은 비오는 양양 앞바다의 운치가 너무나 감상적이고 센티멘탈하기 때문이 아닌가 싶기도 하다. 양양 앞바다의 잔잔한 파도를 바라보면서 난 오늘도 나의 삶에 대해 다시 한 번 숙고하고 돌이켜보며 내가 살아갈 삶에 대해 밑그림을 그려보며 내가 아끼는 이들과의 함께 살아가는 삶의 원리와 원칙, 순리에 대해 곱씹게 된다.

낳은 정보다는 기른 정

내가 하는 많은 일 예를 들면, 대학교수부터 강연전문가, 방송인, 수필가, 화가 등등 그 가운데 그나마 나의 수입과 가장 큰 직결이 되는 것은 바로 입시진로 및 진학지도 상담과 컨설팅이다. 아무래도 오랜 시긴 학교에서 학생들을 상담하고 직접 가르쳐왔기에 나랑 가장 잘 맞는 일이기도 하다. 물론 강연을 나가기도 하지만, 코로나가 시작되면서 이 일은 사실 명맥만 유지하고 있을 뿐 나에게 현재 큰 수익으로는 다가오지 않기에 아무래도 그래도 최근에 몇 년간 꾸준히 해 온 일에 매진할 수밖에 없다. 그렇다고 내가 이 일을 완전 상업적으로 접근해서 한다면 보다 큰 엄청난 수입을 올리겠지만 사실 이제 나이가 어느 정도 들어서인지 사람들이 주변에서 계속 부추김에도 불구하고 나름 소확행을 꿈꾸며 살아가고 있다. 하지만, 자타공인 대한민국 최고의 입시컨설팅 전문가라는 마인드로 꼭 필요한 사람들에게 정확한 정보를 주며 학생들의 입시진로진학에 공을 들이고 있다. 난 사실, 컨설팅을 하면서 부모님의 직업을 잘 묻지 않는다. 물론 부모님께서 먼저 말씀을 해주시면 당연히 이를 참고해서 학생의 진로를 결정하는데 도움주지만 간혹 너무나 고위공직에 있거나 기타 등등의 이유로 굳이 신분을 밝히기를 원치 않는데 묻는 것도 결례다 싶어서 그냥 마음속으로 짐작만 할뿐이다.

오늘 이야기할 학부모님은 거의 4년 전 외대부고 입시때부터 인연이 닿아 명덕외고에 이르기까지 그리고 지금 연세대를 비롯하여인 서울 대학입시를 준비하는 시점인 지금 현 시점까지 인연이 닿아 도움을 드리고 있는 케이스이다. 외대부고를 준비한다며 처음 찾아온 연아는 말그대로 주눅들고 뭔가 움츠린 기세가 눈에 아른거리는 학생이었다. 면접을 하려면 당당하게 말을 해야 하는데 연아는 늘 준비가 제대로 안되어 말도 제대로 하지 못해 때로는 수업시간 중 눈물까지 보인 학생이다. 하지만, 연아에게는 늘 든든한 아빠가 뒤에 계셨다. 모르긴 몰라도 횟차를 거듭함에 따라 연아가 당당하게 발성하고 내용을 일목요연하게 정리하며 서론, 본론, 결론의 논리적인 형태의 발화를 할 수 있게 된 것은 물론 내 공이 가장 컸다고는 생각하지만 집에서도 열심히 이를 뒷받침하며 복습하고 예습할 수 있도록 도와준 연아 아버님의 공이 컸다.

그냥 짐작으로 연아네 형편이 어렵지만 힘겹게 면접수업을 시키고 있다고 생각했고 당시 연아 아버님도 늘 어렵다는 말씀을 하셨다. 그리고 솔직하게 연아가 당신이 낳은 친딸은 아니지만 행정소송을 통해 연아를 호적에 올리기 위해 노력하고 계신다고 했다. 그냥 그 정도까지만 알고 있었다. 세월이 흘러, 우연히 연아 아버님의 살아온 인생살이를 허심탄회하게 듣게 되었다. 아무한테도 말하지 않았던 마음에 담긴 이야기라며 살아온 인생이야기를 찬찬히 들려주셨다. 사실 뒤에 스케줄도 있고 해서 기나긴 시간을 듣기에 부담스러웠지만 막상 듣다보니 나도 점점 빠져들어가고 있었다. 연아 아버님은 나름 잘나가는 집안의 장남으로 수재 소리를 들으며 공부하셨던 분이셨다. 연대 전자공학에 연대 경영대학원을 졸업하신 수재였다. 아파트 분양부터 시행에 이르기까지 안 해본 일이 없으셨는데 당시 분양대행을 크게 하시면서 부도가 나게 되고 그 이후로 신용불량자에 이르기까지 파란만장한 삶을 사셨던 것 같다. 구속직전에서 변호사를 선임하고 당신이 직접 법적인 문제들을 해결하기까지 얼마나 힘드셨을지 보지 않아도 알 것 같았다. 집안이 어려워지자 자녀 둘을 남겨두고 떠나간 전처분에 대해 약간은 속상함도 있었고 무엇보다 그토록 당신이 잘나가는 사업가였을때에는 하루가 멀다하고 연락오던 대학교 동창 절친들이 하루 아침에 연락을 단절하고 모른 척 했을 때가 가장 힘들었다고 한다. 그래서, 대학 선배는 요즘도 만나긴 하지만 대학동창들은 피를 나눈 형제만큼 가까워졌지만 당시 트라우마가 생겨 두려움에 이제는 만나지 않는다고 했다. 그런데 그 순간 연아아버님께서 들려주신 가장 인상적인 말씀은 정말 힘들 때 굳이 금전적인 도움을 바라는게 아니라 단지 술한 잔 기울이며 허심탄회하게 말만이라도 주고받으면 좋은데 그마저도 할 친구가 없어서 너무나 속상했다는 것이다. 그러면서 연아어머님을 소개받아 4년간 알고 지내면서 사귀게 되었고 이후 연아를 생후 2개월만에 버리고 떠난 친부를 대신해서 가슴으로 안아 키우기로 결심했다는 것이었다. 할머니 품에 자라서 너무나 응석받이였던 연아를 오늘날

명덕외고에 입학시키고 이제는 연대까지 수시로 응시할 정도의 실력을 갖추게 만든데에는 연아아버님의 공이 엄청났다고 생각한다. 아버님께서 직접 영어단어를 암기하도록 지도하고, 수학과외까지 하시면서 연아를 반듯하게 키우고자 노력하셨고 또한 기나긴 시간 행정소송을 통해 본까지 바꿔 당신의 호적에 올리신 모습을 보면 요즘 방송에 나오는 끔찍한 사건은 정말 남의 이야기인가 싶다. 어려운 형편에도 친자녀들을 카이스트나 이대 졸업시켰는데 비록 낳지는 않았지만 호적에 입적시킨 막내딸을 행여 뒷바라지 잘못했다는 스스로와의 마음의 약속을 져버리지 않기 위해 더더욱 최선을 다한다는 아버님의 말씀에 눈물이 나왔다. 현재는 홈쇼핑 관련 홍보대행을 연아어머님과 함께 하신다는 아버님은 굳이 연아가 당신의 마음을 알아주든 못알아주든 무튼 최선을 다해 오롯이 연아가 훌륭하고 반듯한 사회인으로 성장하기만을 간절히 바란다고 말씀하셨다.

기른 정인가 낳은 정인가에 대해 우린 항상 많은 의문을 갖게 된다. 대한민국은 모든 법률이 거의 낳은 정에 치중하고 있기에 설령 기른 정이 더 돈독하다고 해도 늘 법적인 문제로 돌입하다보면 설령 자녀를 버리고 재혼을 했더라도 모든 재산에 대한 권리는 생모가 가져가는 형국이어서 오죽하면 구하라법이 발의되었을까 그런 생각도 들었다. 우리 사회가 너무나 혈족이나 혈연에 치중하다보니 사실 해외입양수출국이라는 오명까지 아직 뒤집어쓰고 있는 상황을 감안하면 법적인 측면에서부터 입양해서 기르는 부모의 권리도 소중히 생각해야 한다. 다만 지난번 정인이 양부모 학대사건과 관련하여 단순히 자녀를 자기재산증식 수단으로 삼지 않도록 보다 촘촘하고 꼼꼼한 법망구축이나 마련이 절실하다고 생각한다.

사실 난 연아의 입시를 도와주면서 다른 학생에 비해 거의 비용을 받지 않는다. 이유는 간단하다. 연아의 나의 손길이 조그만 닿아도 충분히 자신의 꿈을 이루는데 도움이 된다고 확신하며 이를 통해 앞으로도 연아가 사회의 어려운 사람들을 돕는데 큰 역할을 이루기를 간절히 바라기 때문이다. 어려운 가운데서도 정말 열심히 공부한 덕분에 연대국제학부를 졸업하고 로스쿨까지 진학한 재호를 보면 정말 가난이 처음에는 인생의 굴레가 될 수 있지만 이를 슬기롭게 극복만 하면 그리고 주변에서 조그만 누군가가 조력자로서 도와준다면 충분히 자신의 꿈을 이루고 반듯한 사회인이 될 수 있다고 확신한다. 내가 KBS 동행이라는 프로를 그토록 좋아하는 이유도 아마 아무리 각박한 세상이라고 뭐라고 비아냥되는 사람이 있긴 하지만 그래도 우리 사회는 여전히 어려운 이웃을 도와주고자 하는 온정이 살아숨쉬기 때문이다. 누군가의 도움을 받고 이러한 자녀들이 분명 사회에서 자신이 겪은 아픔을 토대로 동병상련의 처지에 있는 어려운 이웃들을 도와준다면 분명 우리사회는 지금보다 훨씬 따뜻하고 온정이 넘칠 것이다.

청춘페스티벌

6월 무더운 10일부터 12일까지 올림픽 공원에서 청춘 페스티벌이 열렸다. 사실 말로만 듣던 공연에 참석한다는 것은 기대감에 들뜨게 만들기에 충분했다. 비록 3일은 참석하지 못해도 이틀은 반드시 참석해서 진정한 청춘을 만끽해 보기로 했다. 하지만, 뜻하지 않은 많은 스케줄로 인해 채 하루도 참석하지 못할 운명에 처하고 말았다.

토요일은 내비게이션 오작동으로 뜻하지 않게 올림픽공원 대신 한강 물결공원에 도착해서 그동안 누리지 못하고 알지 못했던 한강의 멋진 풍광에 취해 한강이 전해지는 시원한 바람 소리를 들으며 프랑스 세느 강변에서 매주 산책하던 과거의 기억을 돌이켜 보았다. 영국에서 파리는 해저터널로 그렇게 오랜 시간이 걸리지 않아서 주말이면 공부를 해야 함에도 힐링이라는 핑계를 대며 따뜻한 햇볕을 찾아 파리 세느 강변으로 여행을 가곤 했다. 노틀담 대성당이 소실되어 많은 파리 시민들이 울었던 이유를 아마도 난 조금은 이해할 수 있는 이유가 세느 강변에 위치한 노틀담 대성당은 마치 우리나라의 국보인 남대문과 견주어 전혀 손색없는 그들의 자랑스러운 문화유산을 넘어 파리 시민들의 영혼 그 자체이기 때문이 아닌가 그런 생각을 해본다. 밤이면 환한 야경에 비치는 세느강변의 아롱진 노틀담 대성당은 감히 장관이라는 표현으로도 부족한 위대함을 보여준다. 낮에 비치는 한강의 자태는 사실 우리의 것을 너무 소홀히 한 나에 대한 각성의 표상이 될 만했다. 6월 초 햇살이 내리쬐는 가운데 한강에서 솔솔 부는 바람은 지친 나의 영혼마저 시원하게 마사지해주듯 상큼함 그 자체였고 간혹 눈에 띄는 서핑이나 보트를 즐기는 청춘의 모습에서 이미 난 청춘 페스티벌 그 이상의 힐링을 경험하고 있었다. 그리고 내가 몰랐던 한강의 우아하고 고상한 자태에 넋이 빠져 도대체 몇 시간을 그 자리에 멍하니 앉아 푸르른 서울의 하늘과 한강의 기품을 감상했단 말인가?

나의 청춘 페스티벌은 뜻하지 않은 일정으로 우연히 도착한 한강공원에서 나의 젊은 청춘을 상기시키게 되었고 이후 다음날 찾은 본래 예정된 청춘 페스티벌은 다른 것은 둘째치고 젊은 청춘들이 이렇게 무더위에도 뭔가를 즐기기 위해 돗자리를 깔고 유유자적 태양을 벗 삼아 마음껏 소리치며 열정을 불사른다는 감흥이 나를 무조건 매료시켰다. 아이돌이 나와서 공연을 하는데 사실 나는 누가 누구인지도 모르겠고 이지영 사탐 강사가 나와서 돈 자랑이며 차자랑 아파트 자랑을 하는데 뭔가 현실과는 괴리감이 있는듯한 독특한 화법에 감동보다는 참 낯선 느낌을 많이 받았다. 예를 들자면 람보르기니 몇 대를 요일별로 타고 다닌다고 행복하지 않으며 돈이 몇백억 있다고 행복하지 않으며 한강 변 펜트하

우스에 산다고 행복하지 않다는 그녀의 말은 너무 지나치게 자신을 치켜세우기 위한 과장의 장치가 아닌가 생각이 들면서도 정상에 올라가기까지 얼마나 고생을 하고 노력을 했을지 상상하면 충분히 리스펙의 대상이 된다고 생각한다. 교사라고 매번 말하지만 알고 보면 1년 기간제 한 것이 전부인 것을 그런데도 자신이 끊임없는 노력을 해서 이제는 세상 사람들이 부러워하는 존재가 되었으니 난 그녀의 삶에 엄청난 칭찬을 해주고 싶다. 물론 내가 칭찬할 존재는 아니지만 우리는 무조건 누군가가 잘되면 색안경을 끼고 헐뜯는데 그러기보다는 그 사람이 어떻게 그 자리까지 올라갈 수 있었는지를 한 번 더 생각하면 자아발전에 더 도움이 되지 않을까 그런 생각을 해보았다. 사실 이지영은 EBS 친한 동생 기훈이랑 또 친하기도 해서 어느 정도는 이런저런 개인적인 일들을 알고는 있었는데 차마 이 글에서는 밝히고 싶은 마음은 없다. 다들 자기만의 은밀한 사생활이 존재하고 또한 그 부분은 존중해줘야 하기 때문이다. 그런데 중요한 것은 그 무엇이 되든 간에 한 분야의 정상에 올라가기까지 끊임없이 노력하는 그 과정은 존중하고 존경할만한 생각이 든다. 굳이 나이와 상관없이 어느 분야에서든 최고가 된다는 것은 엄청난 노력이 필요함을 난 너무나 잘 알기 때문이다.

내가 기대한 것과는 전혀 다른 청춘 페스티벌로 인해 난 앉을 자리도 없고 덥기도 덥고 기타 등등 많은 문제점으로 인해 얼마

있지 않아 겨우 발견한 입구 쪽 먼지가 폴폴 나는 벤치에 그냥 드러누워 푸르른 잠실의 하늘만 멍하니 감상했다. 귓전에 들리는 알지 못하는 멜로디만으로도 나에게는 그저 감사한 힐링의 음표라고 생각한다.

개그맨 박명수 씨의 유쾌한 노래와 또 그가 전하는 약간은 호통치는 개그를 뒤로 한 채 난 청춘 페스티벌을 벗어나고 말았다. 물론 내가 투자한 돈에 비해서 얻는 결실은 사실 보잘것없이 초라했지만 그런데도 이 무더위에 올림픽공원까지 와서 청춘들의 진정한 면모를 조금이나마 볼 수 있고 함께 할 수 있어서 나에게는 감사함으로 다가왔다. 그리고 매번 말로만 듣던 청춘 페스티벌이 이렇게 노천에 돗자리를 깔고 그냥 마냥 드러눕거나 편한 자세에서 간혹 사 온 간식으로 허기진 배를 채우며 귓전에 들리는 공연을 먼발치로나마 감상할 수 있다는 것이 청춘들의 특권임을 깨닫게 되어 다시 한번 감사를 드렸다.

저녁 무렵 의사인 제자 동욱이에게 카톡을 남겼다. 그리고 낮에 촬영한 공연 모습 몇 장면과 사진들을 보내 주며 요즘 어떻게 지내는지 근황을 물었다. 아니나 다를까? 우리네 또 다른 젊은 청춘 의사 동욱이는 6월 한 달 내내 정형외과를 맡으며 정말 최악의 힘든 시기를 보내고 있다고 한다. 예전 같으면 가끔 주말에 시간 내서 같이 밥도 먹고 했는데 요즘은 그런 시간도 없다. 얼마 전,

등기를 친 강남의 작은 빌라의 빚을 갚기 위해서라도 더 열심히 일해야 한다는 그 녀석의 헛웃음을 들으며 마냥 귀여운 생각도 들었다. 언제 이렇게 훌쩍 자라서 어느새 성인이 되었는지 신기하기도 하고 놀랍기도 하다. 중앙대 병원에서 가장 잘생기고 훈남인 의사 선생님으로 통한다는 녀석의 말이 아직도 뇌리에 아른거린다. 참 밝게 잘 자랐다는 생각에 내 마음은 흐뭇하다.

청춘은 참 부럽기도 하고 좋기도 하다. 그런데 난 만일 나에게 청춘으로 돌아갈 수 있는데 지금의 모든 것을 버리고 다시 가라고 한다면 난 과감히 포기하고 싶다. 청춘은 젊어서 좋기도 하지만 뭔가를 계속 이뤄나가야 하기에 너무나 힘들고 고달프다. 그래서 별로 반갑지가 않다. 물론 신체가 젊어져서 내가 지금 앓고 있는 다양한 질병들을 그나마 극복할 수 있어서 좋긴 하지만 그런데도 지금의 상태로 살다가 조용히 눈을 감고 싶다. 어차피 한 번 왔다 가는 인생인데 송해 선생님처럼 누군가에게 좋은 기억으로 남아 행복을 되찾고 싶다. 그렇지! 행복과 청춘은 서로 일관적이지는 않지만 그런데도 행복이란 말 그대로 마음의 작은 안식이자 만족이 아닌가 그런 생각을 해보았다. 오늘 갑자기 조카가 보내온 누나의 사진을 보며 급노화해서 안타까운 마음이 들다가도 누나의 얼굴에 이제는 돌아가신 엄마의 얼굴이 그대로 반영되어 마치 어머님을 다시 보는듯한 마음이 들어 기쁘기도 했다. 그래서 잠시 과거를 회상할 수 있어서 행복하기도 했다.

청춘 페스티벌은 내가 생각하기에 행복으로 향하는 작은 지름길 아니면 바쁜 일상에서 모든 것을 내던지고 다시 자신의 삶을 잊은 채 잠시 힐링을 하는 그 자체에서 느끼는 행복이라고 생각한다.

차문 열기 그리고 정보교환

갑자기 차문이 잠겼다. 원래 bmw는 기억에 차안에 키가 있을 경우에는 언제나 차문이 잠기지 않았는데 어쩐 일로 잠시 도넛을 비롯하여 먹거리 몇 가지를 사갔고 온 사이에 차문이 잠기고 말았다. 보험회사에 전화를 했지만 국내차는 가능하지만 외제차는 안된다고 부정적인 답변을 했으며 bmw 본사에 전화했지만 역시 자기네가 해줄 수 있는 것은 없다고 해도 bmw 서비스센터는 월요일이어서 그런지 아예 전화가 되지를 않았다. 마냥 그렇게 1시간의 시간이 흘러갔다. 나에게 차를 판매한 딜러에게 연락을 취했지만 그 역시 해줄 수 있는 것은 아무 것도 없었다. 막막하고 답답했다. 뒤에 스케줄을 마냥 펑크를 내야하는지 답답했다. 스페어키를 비롯해서 모든 열쇠가 차안에 들어있는데 어쩔 수 없이 주파수를 맞추어 키를 제작해야하는지 별별 생각이 들었다.

다시 bmw에 전화를 해서 수리기사님을 보내줄 수 없지만 아무튼 연락을 달라고 부탁했다. 잠시 후 기사님을 전화를 하셔서 자기네는 안되니 밖에 있는 열쇠전문가한테 의뢰를 하라고 귀뜸을 주었다. 다시 전화를 돌렸고 그 분 역시 지금 바빠서 안된다는 말과 함께 마지막 나의 희망의 밧줄인 기사님께 연락을 취했다. 30분만 기다려달라고 했고 나는 흔쾌히 오시기만 하면 감사하겠다는 말씀을 드리며 마냥 그분을 기다렸다. 그 사이 아파트 단톡방에 내가 처한 상황을 말씀드렸더니 다들 한결같은 마음으로 이런저런 소중한 정보를 주셨다. 다소 불안하고 지친 영혼이 힐링을 받는 기분이었다. 내일도 아닌데 이렇게 발벗고 나서서 걱정을 해주심에 몸둘 바를 몰랐다.

마침내 도착하신 열쇠기사님은 숙련된 자세가 한눈에 봐도 카리스마넘치는 그런 존잘 자체였다. 연세가 있으신데 머리에 두건을 두르시고 양 다리를 과감하게 펼치고 차문을 따시는데 정말 존경의 마음이 절로 나왔다. 하지만, 생각만큼 쉽지 않은지 몇 번 공구를 바꿔가면서 문을 만지기 시작했다. 결국 오마이갓! 기적적으로 문이 열렸다. 있을수가 없는 일이다. 게다가 비용도 너무나 저렴하게 받으셔서 깜짝 놀랐다. 사실 난 100만원을 예상했다. 생각하면 차가 움직이지 않았을 때 어떻게 차를 움직일지 아연질색인 상태에서 나를 구해준 이분께 뭔들 못할까라는 생각이 들었고 나의 발이 되어주는 차를 이렇게 쉽지는 않지만 아무튼 차문을 열어서 내가 운행을 할 수 있도록 도와주신 것은 너무나 감사함 그 자체이기 때문이다. 우리나라는 과거부터 지금까지 이공계에 대해 미국을 비롯한 선진국에 비해 많은 투자를 하지 않았고 무엇보다 이 분들에게 충분한 보상을 하지 않음은 물론 공돌이라는 입에 담기 민망한 언어를 통해 대우나 가치를 충분히 해주지 않았기에 아마도 많은 엔지니어분들이 대우좋은 미국으로 가지 않았을까 그런 생각이 든다. 우리나라도 발전하려면 인문학도 중요하지만 이제는 이런 기술적인 측면을 비롯한 공과계열에 보다 과감한 투자를 해야한다고 생각한다.

열쇠장인이신지 기사님이신지 뭐라고 불러야 좋을지 모르겠지만 난 그분 덕분에 위기를 모면할 수 있었고 그나마 하루의 일정을 일부는 펑크를 냈지만 뒤에 일정을 소화할 수 있었다. 그리고 오랜만에 만난 EBS 수능국어 스타강사 김기훈과 한참 이런저런 사회 돌아가는 정보를 교환하며 모처럼의 행복을 느낄 수 있었다. 원래 지난주 모임에서 우연히 알게 된 정말 밝은 친구 쌤이랑 같이 봤으면 싶었는데 쌤은 일정이 있어서 다음을 기약하기로 했다. 쌤 역시 5살에 캐나다로 이민가서 그곳에서 대학과정까지 마치고 뒤늦게 한국으로 돌아와 현재는 오픽 유튜브를 통해 라방을 하고 있는데 CEO로서 자기만의 세계를 구축한 듯 싶었다. 난 사실 쌤에 대해서 감사함을 드리는 이유가 너무나 성격이 밝고 좋고 긍정적이어서 비록 만남은 짧았지만 마치 몇 십년 알고 지낸듯한 느낌이 들었다는 점이다. 그리고 영어로 대화하는 것이 더 편할지도 모르기에 서로 살아가는 이야기를 나누는데 마치 유학시절로 되돌아간 느낌에 감흥이 남달랐기 때문이다. 난 이렇게 가급적이면 아니 반드시 긍정적이고 밝은 사람하고만 이야기하고 싶다. 내가 군이 얼마의 인생을 살지 모르지만 남은 인생만큼은 좋은 사람들과 좋은 기운으로 하루하루 행복하게 살고 싶다는 마음이다.

다행히 최근에 만난 분들은 너무나 다들 좋으셔서 늘 감사의 기도를 드린다. 부디 이렇게 좋은 사람들과 좀더 많은 교류를 통해 더 친밀감이 돈독해지길 기도드리는 것이다. 기훈이는 사실 학교에서 같이 근무한 동생으로 오늘 계산해보니 어느새 17년이 넘는 기간 함께 시간을 보냈다. 비록 요즘은 기훈이가 많이 바빠서 그리고 멀리 떨어져 있어서 자주 못보지만, 근처에 같이 살았을 때는 정말 하루에 한 번 만날 정도로 가깝게 지냈다. 난 인간관계가 비시근한 것보다는 그래도 나름 열정이 넘치는 그런 관계가 좋다. 대충 알면서 지내는 것도 나름 운치가 있을지 모르지만 그래도 내가 챙겨줄 수 있는 부분은 챙겨주면서 서로의 일상을 공유하기도 하면서 그렇게 살아가는 세상을 꿈꾼다. 물론 부부도 아닌데 사실 그렇게 하기가 쉽지는 않지만 막상 부부라고 해서 모든 패를 까놓고 살지는 않는다. 오히려 친구사이이기에 덜 부담감을 갖고 이런저런 살아가는 이야기를 하는지도 모른다.

현대인은 다들 자기 세계만에 갖혀 힘겹게 살아간다고 생각한다. 바쁘기도 하고 힘들기도 하고 또한 막상 쉬는 날이면 지쳐서 그냥 조용히 있고 싶기도 하다가도 어느 날 문득 혼자라고 느껴지면서 사람과의 교류를 원하는 게 우리의 인생이다. 돈이면 다 될 것 같기도 하지만 또 살아가다보면 돈만으로 해결되지 않는게 우리네 인생이다. 그리고 꽃도 그렇겠지만 사람도 자주 만나고 이야기를 나누다보면 좀 더 각자의 색깔과 취향을 알게 된다. 나도 완벽한 인간은 절대로 아니고 늘 부족함 투성이지만 그래도 이제 누군가를 보면 어느 정도는 파악할 연륜이 되었다. 왜 예전에 어르신들이 나이를 먹으면 안다고 하는지 이제야 비로소 조금씩 알게 된다. 그리고 첫 이미지가 참으로 중요한데 그리고 그 관계를 유지하기 위해 노력이 필요한데 우리는 너무나 쉽게 그냥 터부시하는 경향을 갖고 있다. 그러기에 나 스스로도 늘 조심하면서 살아야 하는데, 말처럼 쉽지 않은게 우리네 인생이다.

하지만, 그럼에도 결론은 하나이다. 혼자서는 절대로 이 험난한 세상을 헤쳐나갈 수 없다. 비록 뜻하지 않은 우연한 기회에 서로를 알게 되고 톡방에 모여 한 공간에서 이야기를 하게 되지만 그래도 혼자보다는 집단지성의 힘이 크기에 필요한 것들을 공유하며 이 험난한 세상의 다리가 되어 서로 보듬어줄 수 있다고 생각한다.

각자 가진 재능을 물론 생계를 유지하거나 돈을 버는게 쓸 수 있지만 나 같은 경우를 돌이켜보면 돈과는 상관없이 가끔은 친한 동생네 집에 바리바리 음식을 싸 들고 가서 그 동생네 귀한 자녀들과 영어로 놀아주고 요리도 하고 나름의 시간을 보내게 된다. 돈을 따지면 절대 할 수 없는 일인데 진짜 내 조카라고 생각하면 오히려 내가 가진 돈을 소비하게 된다. 그래도 기분이 좋은 것은 이런저런 공감대가 형성되어 함께 한 추억들이 있기에 전혀 어색

하지 않기 때문이다. 나는 그 친구들이랑 돈을 주고받는 사이로 만나지 않았기에 그냥 친조카처럼 대할 수 있는 것이다. 얼마 전 친한 동생이 초대를 해줘서 가서 잉글리쉬 쿠킹 클래스를 진행하며 피자를 같이 만들었는데 공주님이 다시 전 박사님을 너무 보고 싶어 집에 초대해달라고 떼를 쓴다며 넋두리를 한다. 다시 한 번 와주기를 바라는데 이야기를 들은 이상 스케줄을 조정해서 가서 영어로 놀아줄 생각이다. 동화책도 스토리텔링 기법을 통해 재밌게 들려주기도 할 생각이며 게임도 같이해줄 생각이다. 왜냐하면, 나한테 너무나 소중한 인연들이기 때문이다. 물론 이제 나이가 들어 어린이한테 어느 정도 인기가 있을지 모르지만 그래도 최선을 다해 함께 놀아주다 보면 나이도 잊은 채 동심의 세계로 돌아가는 것이 아닌가 그런 생각을 해본다.

오대리 국수 정호

누군가를 만나 친해진다는 것은 사실 나이 들어서 쉬운 일이 아니다. 설령 친해진다고 해도 그 만남이 오래 지속된다는 것도 결코 쉬운 일이 아니다. 파파총회라는 이름으로 낯선 아파트 단지 아빠들이 똘똘 뭉쳤다. 누군가에 대한 기대감이라기보다는 그저 삭막한 세상에서 맥주 한 잔 가볍게 할 수 있는 소소한 기회를 원한지도 모른다. 코로나를 비롯해서 최근에는 온라인에 대한 모임이 더 활성화된 상황에서 오랜만에 오프라인의 만남이라 다들 벌써 기분이 들뜬지도 모른다. 게다가 모임 장소까지 가는 교통편을 위해 서로 톡방에서 같이 함께 할 라이드 카풀을 구한다는 문구가 왠지 정감있게 다가왔다. 그렇게 만난 친구가 정호이다. 왠지 검은 안경테가 잘 어울리는 만화 속의 주인공같은 다소 밝음이 지나치면서도 특유의 미소가 보는 이로 하여금 금방 친근감을 느끼게 만든 친구이다. 수영강사를 했고, 스킨스쿠버를 했고, 동대문에서 의류 관련 일도 했고, 그리고 시간이 흘러 청담동에서 오대리 국숫집을 하기까지 그의 짧지 않은 인생에서 많은 것을 느낄 수 있었다. 파파총회 그 짧은 시간에서의 인연을 좀 더 지속시키기 위해 정호네 국숫집을 찾기로 약속했다. 그리고, 좀더 내가 아는 사람이 좀더 정호랑 친해졌으면 하는 바람으로 마치 월하노인마냥 그렇게 정호네 오대리 국수를 찾기로 한지도 모른다.

사실 다들 바쁜 상황에서 쉽사리 스케줄 조정하기가 쉽지 않았다. 일단 톡방을 파고 갈만한 친구들을 초대했다. 나름 모임에서 임팩있는 코드가 맞는 친구들을 초대했지만 다들 수줍은지 말수가 많지 않았다. 하긴 또 그런 면이 좋아서 교류를 결심한 지도 모른다. 간혹 모임을 결성하다가도 서로 만남을 지속하기 어려운 이유는 공간적인 제약이 크기 때문이다. 그나마 아파트 단지라는 공통된 공간에서 서로 이야기를 주고받으며 함께 할 수 있으리라는 기대감에 왠지 이번 모임만큼은 오래 지속 되기를 간절히 바란지도 모른다. 별다른 이유는 없다. 그저 삭막한 삶에서 도란도란 살아가는 이야기를 하며 함께 할 수 있으면 그것으로 충분하다.

원래 19층에 사는 제리 태형이와 화요일 정호네 가게로 가고자 선약을 했다. 하지만, 뜻하지 않게 싱가폴에서 귀국한 누나네와의 약속으로 창규가 함께 할 수 없을 것 같아 어쩔 수 없이 공통분모인 내가 월요일과 화요일 2번 창규네 가게로 같이 가도록 조율했다. 창규 차를 타고 함께 하는 청담동 여행도 나름 운치있었다. 이 친구의 매력이라면 조곤 조곤 이야기를 하지만 뭔가 느껴지는 포스가 있다. 그냥 깔끔한 성격의 친구이다. 그러면서도 매너를 지킬 줄 아는 나름 산전수전 다 겪었을 곱상한 외모에서 살아온 삶을 느낄 수 있다. 잠시 육아를 위해 삼성웰스토리 휴직을 하고 있는데 골프가 거의 수준급에 아이스하키까지 만능스포츠맨이다. 몇 번 이야기를 나눠 봤는데 참으로 사람을 편하게 해주는 매력이 있어서 앞으로도 더 만남을 계속하고 싶은 마음이 들었다.

남자 셋이 모여 수다를 떤다는 게 이상할 수 있지만 마치 오랜 시간 함께 한 것처럼 그렇게 우린 청담동 선술집에서 함께 이야기를 나눴다. 입담 좋은 정호의 이야기는 끊이지를 않았고 한 살 차이 나는 관계이지만 너무나 예의를 갖춰 형을 대하는 정호의 반듯함에 더 많은 정감을 느끼게 되었다. 비록 술을 많이 먹지는 않았지만, 파전 하나에 몇 시간을 함께 이야기를 주고받을 수 있음에 감사를 드렸다. 기분이 좋았는지 연신 술을 마시는 정호에게서 그동안 그가 어떻게 살아왔는지 알 수 있었다. 일명 장사의 신에게서 느낄 수 있는 삶의 정취와 에너지가 뿜뿜 가슴에 와닿았다. 굳이 문을 닫지 않아도 청담동에서는 술을 훔쳐 가거나 하지 않기에 그냥 마지막을 정리하고 나서는 그에게서 청담동의 향취가 물씬 풍겨져 왔다. 알고보니 평소 친구나 지인들과 파티를 즐기는 알로프트 호텔 바로 근처였다. 그때에는 그저 스쳐 가던 작은 골목이었는데 누군가를 알게 됨으로써 이곳이 그렇게 다정하게 느껴질 수밖에 없는 이유는 바로 지인이 이 곳에서 장사하기 때문일 것이다. 정호네 가게 뒤편에는 그동안 말로만 무성했던 삼익아파트가 드디어 재개발을 진행하고 있었다. 친구네가 입주할 아파트이기에 더더욱 친근감 있게 느껴지기도 했다. 그 친구는 잠시 친정인 인천으로 이사가 공방을 운영하는데 아마도 몇 년후 완공되면 이곳으로 다시 이사오지 않을까 생각한다.

이튿날, 두 번째 정호네 가게 방문은 하이닉스에 근무하는 연구원 정묵이랑 함께 했다. 러쉬아워에 퇴근하는 정묵이와 스케줄을 맞춰가며 우린 그렇게 함께 다시 정호네 가게를 향했다. 지하철 청담역에서 14번 출구로 향하는 길이 참으로 길게 느껴졌지만, 지하철에 즐비한 수경재배 상추가 무척 다정하게 느껴졌다. 이것저것 식물들이 즐비한 청담역은 그 나름 운치가 있다고 생각한다. 다들 육아에 대한 이야기가 이어졌다. 멤버가 달려졌을 뿐, 마치 시간여행을 하듯 정호네 오대리국수는 그렇게 사랑방 역할을 했다. 오늘은 안주가 골뱅이 국수였다. 술안주는 첫입에 맛을 결정하기 때문에 다소 강한 향신료를 사용해서 입맛을 확 사로잡아야 한다는 정호의 맛 철학이 그대로 느껴졌다. 미리 와있던 포션치즈 영업을 담당하는 제리 태형이가 연신 소맥을 들이키며 빨리 진도를 나갔다. 다소 따라가기 버거운 그만의 술 속도와 거침없는 그의 화법이 인상적이었다.

시간이 흘러 정호랑 천중이, 그리고 아끼는 외대부고 제자 가람이랑 양양 여행을 다녀왔다. 사실 이들 세 명은 전혀 모르는 사이이지만 나를 안다는 이유 하나만으로 함께 여행을 즐겼다. 낯선 이들과의 여행이 부담스럽기도 했겠지만 나를 알고 좋아한다는 이유 하나만으로 2박 3일의 여행 일정은 그렇게 시작되었다. 물론 가람이가 나이가 가장 어려 어렵기도 했겠지만 어차피 사회에서 만났으니 그냥 형 동생 하기로 했고 그렇게 낯선 이들과의 여행은 정말 분 단위를 쪼개가면서 소중하게 이루어졌다. 그렇다고 패키지 여행처럼 피곤하게 이루어지는 것은 절대 아니었다. 각자 자신이 하고 싶은 일을 하나하나 진행하면서 시간 맞추어 움직일 때는 같이 움직이며 여행을 했기에 정말 부담 없이 행복하게 여행을 즐길 수 있었다. 무엇보다 가장 인상적인 것은 여행을 마치고 돌아오는 길에 90년대 신나는 댄스음악을 차안에서 원없이 일명 떼창을 즐기며 행복을 만끽했다는 점이다. 사실 살아온 환경이 각자 다르기에 뭔가 합일점이 있는 것은 아니지만, 단지 여행을 좋아하고 그 가운데 매개체인 내가 있다는 것만으로 시작되었지만 이내 이들은 굳이 내가 없어도 서로 친밀감을 교류하며 친하게 지내는 그런 사이로 발전했다. 난 언제나 매개체 역할 하는 것으로 만족한다. 굳이 내 색깔이 드러나지 않아도 내가 아는 사람이 서로 어려울 때 같이 도란도란 힘을 주는 그런 사이로 발전하면 좋을 것 같다. 그리고, 굳이 심각한 이야기가 아니라고 해도 일상적인 이야기를 주고받으며 하루의 일과를 편하게 이야기할 수 있는 그런 사이가 되었으면 좋겠다. 그런 나의 바람이 솔직히 개인적으로 나에게 아무런 이익이 있는 것은 아니지만 그래도 내가 아는 이들이 행복하게 지내는 모습을 보면 내가 참 행복한 것 같다.

마치 10대 소년으로 되돌아가 무더운 여름, 집안에서 라면 끓여먹고 덥다면서 웃통을 편하게 벗으며 이야기할 수 있는 그런 사이가 참 편하고 좋다. 밤에는 불멍을 하면서 지나온 삶에 대해 서로 편하게 이야기하며 각자의 삶을 공유하는 것도 너무 좋다.

바닷바람이 그렇게 세차게 불지는 않지만, 볼에 부딪히는 바람이 너무나 정겨운 것은 우리네가 짧은 시간이지만 친하게 되어 서로를 바라보는 눈빛에서 다정함을 느끼기 때문이 아닌가 그런 생각이 든다. 양양에서 가장 핫한 서피비치에서 신나는 음악을 들으며 마치 우리가 전세 낸 것 마냥 모래 사장을 맘껏 쫒아다니며 즐겁게 놀았던 추억도 이제는 아름다운 기억으로 남아있다.

그리고, 어느 날 문득 걸려온 천중이의 캠핑 제안은 늘 긍정적으로 타인에게 다가가는 천중이의 진면목을 엿볼 수 있는 또 다른 모습이다. 비록 캠핑은 못했지만 천중이랑 함께 한 2박 3일의 양양 여행을 통해 하루하루 일상적인 삶을 동영상 촬영하면서 천중이에 대해 몰랐던 부분까지 참 많이 알게 된 것 같다. 천중이가 살아온 삶, 그리고 앞으로 살아갈 삶을 진지하게 논의하며 좀더 더 큰 꿈을 갖고 앞으로 전진할 것을 제안해보았다. 아무래도 아직 40대 초반이다 보니 천중이가 나아갈 길은 훨씬 더 넓고 크지 않을까 생각을 해 보았다. 늘 타인에게 먼저 다가가 친밀함을 보여주면서도 때로는 섬세한 감성을 가진 이 친구를 보면서도 많은 생각을 하게 된다. 늘 타인에게 편안함으로 다가가면서도 자신의 일은 늘 묵묵하게 해나가는 천중이는 최근 만난 동생 중 기억에 남는 사람 중 한 명이다. 앞으로 천중이가 더 사회적으로 큰 역할을 할 것을 기대해본다. 그리고, 최근 밤 산책이나 모임에서 자주 만난 춘배랑 찬욱이, 철우, 상철이, 창규도 참 알면 알수록 마음

따뜻한 친구라는 생각이 든다. 그리고 어느 날 좋은 8월, 쌤과 함께 분당 정자동에서 단 둘이 식사를 하며 나눈 이야기도 참 운치가 있었다고 생각한다. 그 짧은 시간, 쌤이 살아온 이야기를 들으면서 이 친구만의 삶의 방식을 이해하게 되었다. 캐나다 교포인 이 친구는 오픽노잼으로 자신만의 길을 묵묵히 가고 있다. 알고보니 유튜브에서 상당히 영향력있는 친구였다. 처음 이 친구를 봤을 때 해맑은 미소가 너무나 보기 좋았다. 참 선하다는 생각을 했고 그 이후로 몇 차례 만남을 통해 쌤에 대해서도 이런저런 삶의 발자취에 대해 이야기를 하면서 좀더 가까워진듯한 느낌이 들었다. 마치 운동을 하기 위해 태어난 사람처럼 운동을 즐겨 하는 이 친구들을 보면서 나 역시 많은 반성을 하게 된다. 늦은 밤 시간, 이들과 맥주나 소주에 집에서 만든 간단한 술안주를 사이에 두고 도란도란 나누는 이야기는 참으로 정겹다. 물론 각자 일하는 분야나 전공은 다르지만 그래도 함께 아름다운 시간을 보낼 수 있는 이유는 서로에 대한 신뢰에 믿음 때문이라고 생각한다. 자주 만나면서 드는 정감은 정말 그 무엇과도 바꿀 수 없는 소중한 자산이자 이 세상을 좀더 행복하게 살아갈 수 있는 윤활유라고 생각한다. 언제 만나도 정겹게 인사할 수 있는 그런 사이가 되었음에 감사드린다. 물론 각자의 삶의 무게로 인해 매번 함께 할 수는 없지만 그래도 여건만 되면 서로 만나 안부를 묻고 근황을 물으며 자신의 처지를 이야기하는 가운데 아마 스트레스도 풀리지 않을까 그런 생각을 해보았다. 찬욱이가 문득 이런 말을 했다. 가족은 아니지만 그래도 며칠간 보지 않으면 문득 생각난다는 말에 짧은 시간이지만 그래도 같은 공간에 함께 있으면서 만남을 즐겼기 때문에 서로에 대한 정감이 소복히 쌓인게 아닌가 그런 생각을 해 보았다. 아울러 시간만 나면 청계산 등산부터 시작해서 제주도 자전거 여행에 이르기까지 자신만의 시간을 운동으로 잘 할애하는 찬욱이를 보면서 참 인생 멋지게 살아간다는 생각이 들었다.

인간관계는 늘 얘기하는 바, 은행 저축과 같다. 내가 필요한 순간, 누군가를 만나고 싶어 연락을 하면 물론 나와주는 사람도 있겠지만 그래도 평소 안부를 물으며 친하게 지낸 사람이 좀더 만남에 적극적이고 긍정적일 수밖에 없다. 내가 만남을 저축하면 결국 그 만남은 다음 내가 필요할 경우에 SOS를 치면 언제든 화답할 수 있는 자산과도 같다고 생각한다. 이러한 소소한 만남이 더 많이 활성화되면 팍팍한 우리네 삶도 더더욱 정겨워지지 않을까 생각해본다.

곰곰 생각하면 나의 삶이 앞으로 어떻게 흘러갈지 사실 나 자신도 잘은 모른다. 다만, 지금 생각하는 것은 그렇게 큰 사회적 위치나 업적을 이루는 것과는 별개로 서로 아끼고 존중하는 관계에서 가까운 이웃들끼리 편하게 만나 굳이 술을 마시지 않아도 산책을 하며 도란도란 인생 살아가는 이야기를 하는 게 진정한 행복으로 이르는 지름길이 아닌가 그런 생각을 문득 해 보았다.

아파트 플리마켓

난 사실 성격이 무료한 것보다는 흥싯거리는 시장터의 분주함과 복잡함이 좋다. 만일 나한테 캐나다에 살래, 아니면 미국에 살래? 라고 묻는다면 난 당연코 캐나다 대신 미국을 택할 것이다. 사람 없는 한적하고 외로운 공간보다는 사람 많고 북적대는 대도시가 나에게 맞다. 그런데도 가끔 강원도의 양양이라는 곳을 자주 찾는 이유는 아마도 상큼한 공기가 전해주는 맑음 그 자체 때문일 것이다.

이틀간 진행된 아파트 단지 내 플리마켓에 대해 감히 입에 담지도 못할 직격탄을 읽어가면서 많은 생각을 하게 되었다. 단순히 제언이나 청원이 아닌 벌어진 사태에 대해 거침없는 말투와 직설적인 표현들, 그리고 굳이 안봐도 될 표현들까지 읽어내려가는 도중에 난 아예 글을 닫아버리고 말았다. 왜 이렇게 현대인들이 분노에 휩싸이며 자기절제와 통제를 하지 못할까? 그런 생각이 들면서도 한편으로는 코로나로 인해 이제는 어느 정도 폐쇄적인 삶에 익숙해졌나 그런 생각도 들었다. 물론 당한다고 느끼는 입장에서는 한맺힌 당신들의 감정을 직설적으로 표현했음을 인정하고 싶다. 그리고 이와 관련하여 님비(NIMBY)와 핌피(PIMFY) 현상이 생각났다. 불필요한 시설은 절대 와서는 안되고 좋은 편의시설은 무조건 내 앞뜰에서 개최되거나 행사되어야 하는 현대인들의 이기심을 적나라하게 표현한 것이다. 나 역시도 이에 적극 동감하는 바이다.

사실 굳이 이러한 행사를 개최한 아파트 단지 내 입대위 측에서는 조금이라도 힐링을 목적으로 이러한 행사를 진행했을 것이다. 어린이날을 비롯한 큼직한 행사에 이러한 친목을 도모한 행사를 통해 상당히 좋은 평가를 받았고 코로나가 아직은 종료되지는 않았지만 마땅한 행사가 없던 차에 이러한 모임을 통해 서로의 안부를 묻기도 하며 마치 코로나 이전의 행복했던 삶에 대한 그리움을 이렇게 표현했으리라 생각해 본다.

난 개인적으로는 아파트 단지 내에 이러한 축제와 같은 행사가 개최되는 그것에 찬성한다. 워낙 낙천적이기도 하거니와 뭔가 사람 살 아가는 진한 향취와 냄새를 가까이에서 맡을 수 있기 때문이다. 개인적인 스케줄로 인해 난 아파트 단지 내 행사에 지금까지 한 번도 참석할 기회가 없었다. 따지고 보면 이번에 내가 경험한 것도 고작 10분 남짓한 시간이었지만 단지를 돌아다니며 어떤 부스가 마련되었는지 살펴보면서 통닭 2마리와 탕수육을 사 와서 비록 집안에서 먹긴 했지만, 과거로의 여행을 하는 것 같아 좋았다. 물론 혹자는 왜 굳이 그런 과거로의 여행을 이곳에서 해야 하냐고 반문할 수 있다. 그런데 내가 살고 있는 이 공간에 어린이들이 엄마와 아빠 손을 도란도란 붙잡고 행복해하는 모습을 보는 것은 그리고 내가 아는 지인들을 만난다는 것은 단순히 낯선 시장에 가서 타인을 바라보는 것과는 차이가 있다. 그리고 이렇게 친분 있는 분들과 근황을 묻는 것은 굳이 한국뿐 아니라 영국 및 미국, 영국에서도 흔히 볼 수 있는 현상이기에 여기에 대해서는 가타부타 더이상 언급하지 않기로 한다.

내가 푸드코트 부스에 갔을 무렵에는 아무래도 이른 시간이라 사람들이 많지는 않았지만 그래도 옹기종기 부스들이 다정스레 모여있는 모습은 보기 좋았다. 다른 인근 아파트를 방문했을 때 부러웠던 점은 매주 알뜰 장터가 개최되어 입주민들이 필요한 물품을 사는 것이었다. 아직 아파트 상가가 활성화되지 않아 이러한 행사가 개최되어 어린이들 손을 잡고 도란도란 부스를 다니는 젊은 부모님들의 모습이 너무나 다정하게 느껴졌다. 학교에 있으면서, 이러한 축제를 맡아서 했기에 더더욱 친근감이 간지도 모른다. 당시 공부에 찌든 학생들을 위해 1년에 1번 페스티벌을 개최했는데 축제 당일 아침엔 학부모님들이 각자 준비해오신 음식물들을 정성껏 마련한 푸드코트를 통해 각 나라의 다양한 음식들을 판매하고 그 수익금을 불우이웃들을 위해 기부했다. 아마 이번에도 개최 취지는 이러한 행사를 통해 기금수익을 마련하고 이를 통해 아파트 단지 내 모래를 교체하는 300만 원을 마련하는 게 주된 목적이었던 것 같다. 항간에서는 왜 굳이 아직 2년도 안 된 아파트 단지의 모래를 교체하는데 입주민이 일명 희생하고 방해받는 이러한 행사를 통해 마련하는지 공용전기부담부터 시작해서 불만 아닌 불만도 있긴 했다. 그러면서 롯데나 제니스에 이러한 모래 교체비용을 건의해야 하는데 그렇지 못함을 질책하기도 했다. 각자 처한 사정이 다르니 나 역시도 어떻게 진행되는지는 잘은 모른다. 다만 선한 취지로 개최된 행사이고 이를 통해 많은 사람이 모처럼 축제 분위기를 즐겼다는 데 의의가 있다. 그런데, 시기상 중고등학교 기말고사준비 기간이랑 겹쳐 아울러 부스가 마련된 저층 세대의 피해를 간과한 것이 아닌가 하는 민원이 제기되었다. 따지고 보면 내가 기거하는 6층도 바로 축제현장 그 중심에 있어 어쩌면 피해라면 피해의 대상자가 될 수 있음에도 난 오롯이 이러한 행사를 즐기기로 마음먹었다. 물놀이터가 있어 하루가 멀다 하고 어린이들 노는 소리가 귀를 쩡쩡하게 울려 연구활동에 지장을 받기도 하지만 이러한 어린이들이 없다면 어떤 세상일지 상상조차 무섭기에 난 모든 것을 그대로 받아들인다. 굳이 나처럼 생각하기를 바라는 것은 아니다. 각자 처한 사정이 있을 테니 뭐라고 할 수 없다. 그런데 이것저것 다 따지다 보면 아무것도 할 수 없음을 너무나 잘 안다. 가만히 있으면 본전인데 굳이 대표진들도 에너지 소모하며 욕받이를 자청할 필요는 없는 것이다. 그럼에도 하는 이유는 친목도모를 비롯한 선한 취지가 더 컸을 것이다.

일단 축제가 진행되고 행사가 개최되면서 많은 불만이 터져 나왔지만, 또 한편으로는 이를 즐기는 이들도 많다. 불만이 있을 때 이를 어떻게 처리하느냐의 문제인데, 글이라는 것은 한 번 쓰면 지우기도 힘들며 다수가 보는 공간인데 마치 자신의 감정을 분출하는 통로로 여기고 너무나 보기 민망한 표현을 한다면 오히려 역효과가 있을 것이다. 마틴 루터킹이 얘기하듯이 더 견딜 수 없고 참을 수 없기에 그들은 투쟁한다고 했는데 내가 생각하기에 과연 어느 정도 참았는지 감히 묻고 싶고 이를 계기로 기존에 쌓인 불만을 비롯한 모든 화풀이나 분풀이를 글로 표현하는 것은 아닌가 그런 안타까운 마음이 들었다.

어느 쪽이든 조율의 미는 필요하다. 그리고 분노를 표출하기 전, 과연 대화나 온화한 말로 먼저 대화를 시도해보기는 했는지 궁금하다. 감탄고토라는 말이 있듯이 달면 삼키고 쓰면 뱉는다는 말인데, 어느 쪽이든 완벽할 수는 없다. 어떤 문제가 발생하면 사건의 정황을 살펴본 후 냉철하게 대처할 필요가 있다. 우선 문제가 있다면 이에 대해 좋은 취지이든 그렇지 않든 대표는 이에 대해 적절한 입장표명이 필요하고 만일 사과가 필요하다면 정중히 할 필요가 있다. 마찬가지로 일단 대표를 뽑았다면 이에 대표성을 부여하고 팔로워로서는 리더에게 무조건 감정적인 표현으로 분노를 표출하기보다는 말하기 이전 열 번 생각하고 이를 상대에게 전달했으면 좋겠다. 얼마나 화가 났으면 저럴까 싶다가도 결국 분노와 화를 과하게 표출하면 서로에게 득이 될 것은 없다. 그리고 만일 누구도 나서서 일하지 않으면 어쩌지라는 우려도 있지만 내가 아니어도 또 세상은 돌아가게 마련이다. 무조건 나만 이 일을 해야 한다는 아집도 버릴 필요가 있다. 서로 조화와 조율을 이룰 때 세상은 돌아가는 법이다. 아파트 단지 내 일을 하시는 분들을 뵈면서 정말 감사의 마음이 드는 이유는 모두 각자 생업이 있음에도 여러 가지 이유와 대의명분은 존재하겠지만 아무튼 단지를 위해 열심히 최선을 다한다는 점이다. 그들도 사람이고 인간이기에 칭찬을 받으면 더 잘하고 싶고 질책을 받으면 다 그만두고 싶은 생각이 들 것이다. 설령 내 마음에 들지 않는다고 해서 극단적인 표현으로 깎아내리기보다는 조금은 우회적인 표현으로 ~을 하면 좋겠다는 식으로 청원을 했으면 싶다. 마찬가지로 대표진들도 이를 받아들일 때 내가 이 정도로 열심히 하는데 나한테 왜 이렇게 하지라고 아쉬운 마음보다는 저럴 수도 있겠지라는 마음으로 사태를 냉철하게 분석하고 현명하게 대처하는 자세가 필요하다.

물론 세상에 말은 쉽다. 그런데 우리가 살면서 얼마나 많은 일에 대해 그저 생각만 하고 실천을 하지 못한단 말인가? 난 그런 면에서는 이렇게 도전하고 뭔가를 이루려고 노력하는 모습에 무한 감사를 개인적으로 드리고 싶다. 가만히 있으면 절대 이루어지지 않는 법이다. 그리고 가만히 있으면 본전이기에 다들 굳이 에너지를 소모하며 일을 자청해서 하려 하지 않는다. 그런데도 하는 이유는 좀 더 나은 세상을 만들기 위한 작은 몸짓이고 이러한 일을 진행함에 단순히 잘했음에는 묵묵부답이고 작은 실수에 대해 이때를 노렸다는 듯이 크게 분노를 표출하는 것은 같이 함께 사는 아파트 단지 내에서는 그렇게 바람직하게 보이지는 않는다. 내가 원하는 대로 다 하고 살고 싶으면 굳이 아파트 단지는 필요없다. 단독에서 유유자적하게 멋을 부리며 살면 된다. 그런데도 아파트를 택했을 때는 이런저런 이유가 있는 법이다. 사람 살 아가는 냄새를 맡고 싶었기 때문이라고 생각한다.

고품격 고품격 하는데 사실 고품격은 다른데 있는 것이 아니다. 서로를 조금이라도 배려하고 양보하는 미덕이라고 생각한다. 어느 날 단톡방에 글을 올렸을 때, 마치 내일인 것처럼 친절하게 설명해주고 자신이 직접 품을 팔아 내가 필요한 정보를 알려주는데 너무나 감동을 자아냈다. 단체가 함께 사는 묘미는 바로 이러한 것이다. 서로 도란도란 도와주는 것이다. 어떤 분들은 강아지가 짖는 소리가 싫고 어떤 분들은 어린이들이 아파트 단지에서 소리 지르면서 맘껏 뛰어노는 소리가 싫고 어떤 분은 연세 드신 분들이 계신 것만으로도 싫다는 분들이 있다. 때로는 너무나 극단적인 생각에 그리고 심지어 이를 글이나 말로 표현함에 나 자신도 놀랍기도 하고 충격을 받기도 한다. 어쩌면 나 자신부터 가장 강하게 반성하고 돌이켜보아야 할지도 모름을 인정하는 상태에서 그런데도 하고 싶은 말은 조금씩만 타인의 관점에서 역지사지로 생각했으면 한다. 그리고, 대단위 아파트는 몇천 명이 살기에 진짜 천차만별인 공간인데 이곳에서 다양한 사람을 만나고 이들의 생각을 싫든 좋든 공유하는 것은 당연한데 이를 획일적인 잣대로 바라보는 것도 어쩌면 과일반화임을 인정해야 할 듯하다.

이번 페스티벌에 대해 아흔을 바라보시는 장모님의 말씀이 생각난다. 다들 함께 사는 세상인데 뭘 그리 각을 세우느냐는 말이 인상에 남는다. 그냥 장모님은 아래 행사장에서 나는 고기 굽는 냄새나 아이들의 다소 시끄러운 소리를 문 닫고 에어컨을 켜면서 달랬다고 한다. 사실 장모님은 에어컨을 평생 켜지 않을 정도로 찬 공기는 싫어하는데 어쩔 수 없이 문을 닫고 에어컨을 잠시 켜고 때로는 부채를 흔들며 그냥 아래 행사장을 바라보며 예전 우리네 삶의 큰 행사장이었던 과거의 시장을 회상하며 잠시 행복해하셨다고 한다.

사람이 너무나 좋다가도 가끔 너무나 이기적이고 너무나 나만을 위한 편파적인 발언을 하는 분들을 뵈면 무섭기도 해서 난 될 수 있는 대로 이분들과의 교류를 만들지 않고자 노력한다. 굳이 왜 시간 낭비에 돈 낭비를 하며 논쟁을 벌이는지 이해할 수 없기 때문이다. 그런 측면에서는 굳이 조용히 살아도 되는 아파트에 왜 이렇게 분란을 만드냐는 그런 분들의 견해가 일면 이해가지 않는 것도 아니다. 그렇지만, 내가 살고 있는 아파트의 가치와 함께 살아감의 정감을 조금이라도 더 극대화시키기 위해 노력하는 이들의 노력을 조금이라도 이해해주면 어떨까 싶다. 사적인 견해를 피력하자면 나 역시 좋은 분들과 만남은 언제든 원츄원츄 갈망하며 이들과 함께 보내는데 아낌없는 시간을 쏟곤 한다. 난 이곳에서 정말 많은 좋으신 분들을 만났다고 생각한다. 조금이라도 상대를 배려하고 도와주고자 하는 분들을 뵈면서 늘 감사의 마음을 드린다. 굳이 깔지 않아도 될 아파트너를 깔아서 차라리 읽지 않았으면 좋았을 많은 댓글과 글들을 보면서 또 한편으로는 저러한 마음을 갖고 계신 분들도 있음을 알고 이분들과도 또 잘 조화를 이뤄가며 살아가야 하는 게 아파트 생활임을 알게 된다. 차라리 예전에 아무도 교류를 하지 않고 살았을 때가 행복했느냐고 묻는다면 난 단연코 아니라고 말하고 싶다. 사실 난 정말 내 일만 열심히 하고 굳이 내가 드러내야 하지 않아도 될 자리에는 모습을 보이지 않고 지금까지 살아왔다. 그런데 어쩌다 보니 이번에는 알게 모르게 이곳 단지 내 사람을 알게 되면서 그래도 많은 행복한 시간을 보냈다고 자부한다. 바로 이러한 장이 바로 이번 행사였다고 난 감히 말하고 싶다.

최소한 그들 역시 진정한 사람 사는 세상을 꿈꾸고 있고 서로 친밀하지는 않지만 그래도 따뜻한 마음을 주고받는 교류를 원하고 있음을 너무나 잘 알기 때문이다. 나름 외향적인 성격에 금방 친해져서 나로서는 감사한 일이지만 또 이러한 모임이나 교류를 달가워하지 않는 사람은 또 그렇게 살아가면 될 것 같다. 어차피 마음 맞는 사람끼리 뭉쳐서 사는 게 인생이기 때문이다.

나 역시도 많은 대표 일을 많이 해왔고 지금도 은근 알게 모르게 많은 일을 맡고 있다. 물론 전혀 돈이 생기는 직분은 아니다. 친목 도모가 많아서 굳이 이 일을 해야 하나 그런 생각도 들지만 그래도 누군가는 나로 인해 행복하다고 하니까 그저 힘닿는 대로 최선을 다한다. 이런 측면에서 누군가를 위해 자신의 시간을 할애하고 봉사를 하는 분들은 난 늘 존경하고 칭송하고 싶다. 비록 그 일의 경중을 떠나 나의 시간을 갖고 싶은 현대사회에서 누군가를 위해 정보를 찾고 일을 하고 나서서 최선을 다하는 모습은 우리 사회가 나아가야 할 방향성이라고 생각한다. 그 누군가는 앞서 일을 해줘야 또 사회는 돌아가기 때문이다. 물론 그들 역시 인간이기에 완벽할 수는 없다. 때로는 실수를 할 수도 있다. 그런데 돌이켜보면 그 얼마나 많은 일을 또 리더가 있으므로 완성할 수 있었는지 생각하면 다소 작은 실수에 대해 너무 큰 잣대를 들이대며 냉철하게 난도질할 필요가 있을지 한 번 조심스럽게 말씀드리고 싶다. 그리고 리더는 내가 뭔가를 해서 군림하기로 마음먹지 않는 이상 때로는 원하든 원치 않든 그러한 실수에 대해 때로는 쓴소리를 너무 서운하게 생각하지 말고 내가 한 선한 일에 타인이 알아주지 않음을 안타깝게 생각하지 말고 묵묵히 나아가길 바란다. 내가 한 선한 일을 생색내다 보면 이를 바라보는 이들은 오히려 기존에 가진 좋은 느낌을 반감할 수 있기에 늘 겸허한 자세로 그리고 때로는 일을 추진함에는 무소의 뿔처럼 굳게 돌진하길 바란다. 참으로 리더란 자리는 힘들고 외롭다. 난 그러한 느낌을 너무나 잘 알기에 지금 이 글을 쓰는 순간, 너무나 마음 깊은 감사를 드리고 싶다. 잘하는 일에 대해 더욱더 크게 환호를 질러가며 칭찬을 해보면 어떨까? 잘못한 일에 대해 이때가 기회다 싶어 온갖 말을 내놓는 많은 분을 뵈면서 과연 칭찬에 대해서도 저렇게 아낌없었는지 감히 여쭙고 싶다. 사람이기에 나약하고 힘이 없을 때가 많다. 그리고 실수를 할 수 있다. 물론 그 실수도 전혀 예상치 못한 변수가 많기에 더 안타깝다. 이에 대해 너무 칼을 도려내는 듯한 심한 언어로 폄하하지 않았으면 싶다. 그리고 리더도 만일 사소한 실수가 더 크게 드러난다면 이러한 예상치 못한 일에 대해 팔로워의 견해를 무시하지 말고 한 번쯤은 귀를 기울여 보는 것도 필요하다. 어느 사회든지 극단으로 치닫는다면 결국 그 사회는 무너지고 만다. 내가 사는 사회가 무너지면 그 피해는 고스란히 그 구성원에게 돌아가게 된다.

한 번쯤은 누군가를 위해 감사의 기도를 드리고 한 번쯤은 누군가를 떠올리며 그들이 잘되기를 간절히 기원해보자! 물론 쉽지는 않지만 나는 내가 아는 주위 동생들이나 형님들의 자녀 이름을 굳이 한 명 한 명 암기해가며 잘되길 간절히 바라고 기도해본다. 물론 나의 바람이 얼마나 이루어질지 모르지만 그래도 나의 소박한 바람이나 희망으로 이들이 잘된다면 그것만으로도 난 너무나 행복하다. 굳이 내가 잘 모르는 제3자가 아닌 그래도 일면식이 있고 인연이 있는 이들이 잘되기를 바라는 게 난 개인적으로 더 행복하다.

날씨가 참 무덥다. 아마도 불쾌지수가 더 높아서 사람이 피부로 느끼는 온갖 감정이 더 격하게 느껴질 수도 있다고 생각한다. 조금만 양보하고 조금만 더 배려하고 조금만 더 타인의 입장에서 생각해보면 어떨까 싶다. 나 역시도 말로 쉽게 한다고 폄하할 수 있지만 그나마 이렇게 말이든 글이든 긍정적인 마인드로 조금은 편안하게 세상을 바라본다면 우선은 내가 편해지고 그러한 밝은 기운은 나의 운명은 물론 주변 가족과 지인들에게까지 긍정적 시그널로 선한 영향력을 미치리라 생각한다.

장마가 마냥 비가 올 것 같지만 그래도 가끔은 바람도 시원하게 불어주고 때로는 햇살도 비친다. 우리네 인생도 마찬가지이리라 생각하며 위기를 또 기회로 삼아 좀 더 사람 살 아가는 멋진 세상이 되길 기원해본다.

뮤지컬 모래시계

모래시계 뮤지컬을 보기 위해 토요일, 신도림 다큐브시티를 찾았다. 모래시계는 90년대 당시, 직장인들의 퇴근시간을 앞당긴 불후의 드라마로 최민수, 박상원, 고현정을 일약 스타덤에 올려놓았고 심지어 당시 무명이었던 이정재마저 톱스타 반열에 올려놓은 최고의 드라마라 할 수 있다. 신생 SBS에 이렇게 걸작이 나올 줄 그 누구도 예상하지 못했지만 당시 유신을 비롯한 지나간 과거사를 잔잔한 필치로 그리면서 개연성 있는 스토리로 전 국민을 브라운관 앞으로 끌어당겼다. 과거의 지나간 시간이 주마등처럼 지나가면서 뮤지컬을 보면서 추억여행을 하게 되었다. 당시 드라마 주인공들에 비하면 현재 캐스팅된 출연진들이 인지도나 여러 면에서 부족하긴 했지만 최근 인기몰이를 하는 온주완이 태수역을 맡아 잔잔한 연기를 펼쳐 인상깊었다. 마지막 커튼콜에서 보여준 애교섞인 인사는 아마 관객들을 또 한 번 그의 매력에 빠지게 한지도 모른다.

사실 보는 내내 눈물샘을 자극하는 장면이 몇 군데 있었다. 재벌가의 딸인 혜린이 결국 윤회장의 반대에 부딪혀 제대로 된 사랑도 하지 못한 채 이별하고 태수는 삼청대에 끌려가는 장면을 비롯하여 아버지가 빨치산이라는 이유로 육군사관학교에 진학하지 못해 결국 어둠의 세계로 빠져드는 태수를 보면서 마냥 눈물이 솟구쳤다. 그랬다. 당시엔 연좌제라는 말 안 되는 족쇄로 부모나 형제의 출신성분이나 태생이 개개인의 발전에 지대한 영향을 미쳤다. 아이러니한 현실 속에서 결국 주먹의 세계를 선택한 태수를 바라보면서 참 마음 짠함이 가득했다. 우석이야 어차피 엘리트 코스를 밟았으니 더는 말할 필요가 없지만, 자신이 뭔가를 하고자 함에도 주변 여건으로 꿈을 이루지 못하는 태수를 바라보면서 과연 현재의 우리 사회는 어떠한지 많은 생각을 하게 되었다.

내가 대학을 다니던 90년만 해도 데모는 거의 일상이었다. 지금 이런 이야기를 하면 전혀 감흥이 없겠지만 당시에는 그랬다. 학교에서 공부하는 날도 있었지만 4월부터 시작해서 5월이 지나 6월에 이르기까지 거의 해마다 데모는 일상적인 일과였다. 물론 나는 데모에 참여할 정도의 사상적 가치관이 확립되지 않아 그저 방관자였지만 하루가 멀다 하고 수업을 빼먹고 자아비판을 시키는 동기들을 보면서 참 위대하다는 생각도 들면서 과연 어떤 세상을 꿈꾸기에 저럴까 자못 궁금하기도 했다. 때로는 이러한 친구들이 부담스럽기까지 했다. 나와는 갈 길이 다르다고 느껴 어쩌면 나 역시도 우석이처럼 그냥 나의 앞날을 생각하며 마냥 공부에 올인한지도 모른다. 학교 앞에는 늘 전경들이 들끓고 최루탄에 탱크가 포진하는 일상 속에서 다만 힘든 것은 당시에는 최루탄으로 인해 눈물을 하염없이 흘려야만 하고 교통이 마비되고 일상적인 나의 연결 흐름이 단절된다는 불편뿐이었는지도 모른다. 그런데도, 데모하다가 일명 백골단에 끌려가 죽을 고통을 당하고 내 눈 앞에서 전경들이 학생들을 무차별 공격하는 것을 보면서 어쩌면 어린 내 마음에도 저건 아니지라는 생각이 들었다. '과연 이러한 세상을 만든 이들은 행복할까?'라는 생각부터 도대체 무엇이 잘못되어서 이런 세상이 되었는지 왜 학생이 공부에 전념하지 못하고 이렇게 세상을 걱정해야만 하는지 별의별 생각이 들었다.

당시 수많은 학생이 목숨을 잃었다. 그리고 이들의 혼령을 위로하는 진혼제가 노상에서 개최되면서 또 이를 저지하려는 정부와 많은 피 흘림이 있었다. 내가 '1987'이라는 영화를 보면서 그렇게 많은 눈물을 흘린 것도 아마 이제 시간이 흘러 조금은 내가 알게 된 세상에서 지나간 우리네 선배님들의 고통을 미비하지만 알게 된 탓일 것이다. 그들은 확실히 참된 세상을 꿈꾸었던 것 같다. 그들은 나보다 의식을 더 빨리 깨우친 시대를 앞서나간 선구자인지도 모른다. 내가 아는 세상은 그저 우물 안 세상이었나 보다. 그저 부모님의 보살핌 속에서 시키는 대로 공부하는 그런 나약한 지식인이었던 것 같다. 그렇게 애써 나를 포장하며 자위해본다.

'모래시계가 왜 이렇게 인기를 끌었을까?' 생각해보면 1970년대부터 1990년대까지 격동의 대한민국 현대사를 세 명의 주인공을 통하여 묘사하였으며 특히 5·18 광주민주화운동을 처음으로 다룬 드라마이기 때문이다. 물론 뮤지컬에서는 이러한 디테일한 측면을 단지 몇 시간만에 드러내기엔 역부족이었지만 그래도 시대 상황을 잘 모르는 이들에게는 당시의 고뇌와 아픔을 한번은 생각하게 만드는 작품이라고 생각한다. 난 작가가 왜 모래시계라고 명명했는지를 한 번 생각해보게 되었다. 사실 모래시계는 한 방향으로 흐르고 나면 다시 다른 한 방향으로 흐르게 된다. 세상에 영원한 권력은 없다. 아무리 좋은 이념과 사상으로 포장된 사회 및 정권이라고 해도 언젠가는 다시 새로움에 길을 터줘야 한다. 우리에게 영원할 것 같은 사랑이나 돈, 정치권력도 마찬가지이다. 해 아래 새로운 것은 없다는 말처럼 우리의 삶 역시 영원하지 않기에 하루하루 정말 최선을 다해 살아야하고 또한 내가 뭔가를 장악하고 집착해서 영원히 가질 것 같지만 이 역시 시간의 흐름과 더불어 다음 세대에 고스란히 물려줘야 함을 명심해야 한다. 간직하는 것이 아니라 잠시 보관할 뿐이라는 말이다. 그러기에 절대로 과욕을 부리면 안된다.

우린 마치 어떤 직책을 맡든 아니면 금전적인 부나 나름 정치적인 권력을 잡든 일단 내 손아귀에 들어오면 영원할 것처럼 행동한다. 물론 초심은 그렇지 않겠지만 막상 어떠한 위치에 오르면 그 지위에서 내가 누려야 한다는 생각을 많이 하게 되는데 이렇게 되면 결국 손해 보는 쪽은 난 본인 스스로라고 생각한다. 짧지 않은 인생을 살면서 느낀 점은 가급적이면 타인을 위한 배려와 타인의 관점에서 모든 것을 내려놓고 솔선수범할 때, 나아가 나의 이야기를 끊임없이 들려주기보다는 타인의 이야기에 때로는 귀를 기울이며 이청득심할 때 진정한 행복과 기쁨이 오지 않을까 생각해본다.

모래시계 뮤지컬은 나에게 지나간 과거로의 아름다운 추억여행이라고 생각한다. 30여 년 전을 거슬러 올라가 과거를 한 번 돌이켜보며 그 시절을 추억하게 하는 것은 너무나 의미깊었다. 당시 열성적으로 시위를 주도한 친구 녀석은 KBS 드라마 PD로 입사한 후 박근혜 정권 시절 일명 권력자에게 캐스팅되어 엄청난 국가 예산을 조율하는 영향력있는 거물이 되었다. 서울여대 교수로 있는 친구 녀석은 마치 영웅담처럼 자신이 겪은 이 친구와의 에피소드를 언급하며 이 친구의 정치적 권력에 대해 내심 부러워하며 친분을 과시한다. 세월이 흘러 남들은 박정권과 연관된 이들이 모두 현직에서 물러났지만 이 친구는 불사조처럼 문정권에서도 살아남고 또 현재 윤정권에서도 살아남아서 나름 영향력을 행사하는데 곰곰 이 친구의 매력을 생각해보면 분명 사람들이 얘를 좋아할 만한 많은 요소가 있다. 살아남는 데는 분명 이유가 있는 법이다. 이 친구만의 엄청난 매력과 필살기가 뭔가 생각해보면 늘 사람을 보면 먼저 눈인사를 건네며 해맑은 소년처럼 밝게 웃는다. 윙크를 살짝살짝 하면서 사람을 편하게 하는가 하면 필요할 경우 한 손을 번쩍 들고 투쟁을 외치던 카리스마 넘치던 이 친구가 갑자기 생각나는 건 아마 모래시계가 주는 여운 때문이 아닌가 생각해본다.

단편
소설

저 하늘나라에는 슬픔이 없기를

무섭고 끔찍했다. 다시 새아빠를 보는 것이 끔찍하고 두려웠다. 9살 윤주는 편의점을 서성거리고 있다. 사실 윤주는 3일째 아무것도 먹지 못했다. 가출한 어머니를 찾아내라며 새아빠가 윽박지르고 폭력이 시작되었다. 윤주가 새아빠 민철을 처음 만나던 날, 윤주는 왠지 자상한 새아빠가 맘에 들었다. 새아빠를 만나기 전 엄마 민희는 신신당부했다. 새아빠를 만나면 절대로 응석 부리거나 투정을 하면 안 되고 다소곳하게 인사를 해야 한다고 연습을 많이 시켰다. 굉장히 부자 아빠라고 들었다. 그래서 말만 잘 들으면 뭐든지 해준다고 했다. 어린 윤주는 이제 학교에 맘껏 다닐 수 있고 배부르게 잘 먹을 수 있다는 말에 그저 엄마 민희의 말을 따르기로 했다. 사실 민희는 어린 딸 윤주에게 만일 이번에 이 새아빠 맘에 들지 않으면 보육원에 버리겠다고 윽박지른 게 한두 번이 아니었다. 어린 마음에도 보육원은 가기가 싫었다. 설령 엄마한테 욕을 얻어먹고 굶주린다고 해도 보육원보다는 엄마 품이 좋을 것만 같았다.

아빠 민철은 어린 윤주의 눈에도 멋있게 보였다. 손에 번쩍이는 다이아몬드 반지를 끼고 누런 금팔찌를 하고 있었으며 멋있는 검은색 선글라스까지 끼고 있었다. 차도 어린 윤주의 눈에는 너무나 멋있게만 보였다. 그렇게 새아빠 민철과 만남은 이루어졌다.

"안녕하세요? 정윤주라고 합니다. 잘 부탁드립니다."

부끄럽기도 하고 처음이라 낯설기도 해서 모기 기어가는 소리로 나지막하게 얘기를 했다. 그렇게 윤주는 새아빠의 집에서 행복을 꿈꾸었다. 하지만 이러한 행복은 오래 가지 않았다. 10일이 지나자 예전 친아빠와 살 때와 같은 악몽이 되살아나기 시작했다. 하루가 멀다고 이어지는 새아빠와 엄마의 싸움이 시작되었다. 윤주는 구석진 외딴방에 갇혀 그저 귀를 틀어막고 이불을 뒤집어쓴 채 전쟁과 같은 싸움이 하루빨리 끝나기만 기다리고 있었다.

"너 나 만난 지 얼마나 되었다고 또 온갖 남자 만나 서방질하고 있어? 내가 진작 알아봤다. 너 년은 두들겨 맞아야 정신이 들지!!"

귀가 찢어질 듯 고통스러운 엄마의 비명이 들렸고 이내 그 비명은 잠잠해졌다. 그리고 쿵 하고 현관문이 닫히는 소리가 들렸다. 새아빠 민철이가 밖으로 나간 후 어린 윤주는 조용히 방문을 나와 거실에 있는 엄마를 찾아갔다. 온몸에 피투성이가 된 채 완전히 실신한 엄마를 바라보며 윤주는 하염없이 눈물을 흘렸다.

"엄마, 우리 이 집에서 나가서 살자!! 나 너무나 겁나서 하루도 못 있겠어!"

"윤주야, 엄마가 너무나 미안…. 미안...하다. 엄마가 정말 너무 너무.... 미안해...."

혼절한 민희에게 어린 딸 윤주는 그저 희미한 그림자처럼 보였고 무슨 말을 하긴 했지만 무의식에서 나오는 공허한 메아리처럼 울려 퍼졌다. 그 뒤로 어떤 일이 일어났는지 모른다. 민희는 어린 딸 윤주를 남겨둔 채 그 길로 정신 나간 여자처럼 신발도 신지 않은 채 그 집을 빠져나와 도망쳐 어디론가 사라졌다.

"너 엄마 어디 갔어? 너한테는 얘기했을 것 아냐? 당장 말하지 못해?"

"아저씨! 저는 아무것도 몰라요! 저도 방안에만 있었는데 엄마가 갑자기 사라졌어요!! 잘못했어요!! 용서해주세요!"

이미 어린 윤주는 아무런 잘못도 없지만 잘못했다는 말이 입에 배어서 자연스레 기계음으로 빠져나왔다.

"너 알면서도 얘기하지 않겠단 말이지! 알았어! 너 오늘부터 굶어! 방에서 나왔다가는 내가 가만히 두지 않을 거야! 그리고 나보고 아저씨라고? 아빠라고 부르지 못해?"

그렇게 민철이는 어린 윤주를 무참하게 짓밟으며 온몸에 멍이

들도록 구타를 가했다. 그리곤 엄마가 있는 곳을 바른말 할 때까지 방안에서 빠져나오지 못하도록 아예 방문을 걸어 잠가버렸다.

윤주는 사실 친아빠와 좋은 기억이 없다. 9살이 다 되도록 아빠랑 그 흔한 놀이동산 한 번 가보지를 못했다. 게다가 코로나가 닥쳐서 학교에 가는 날이 줄어들수록 밥을 먹는 횟수도 줄어들게 되었다. 그나마 학교라도 가면 친구들이랑 같이 놀면서 학교 급식을 먹을 수 있는데 코로나가 닥치면서 윤주는 학교에 아예 가지 못하는 날이 많아서 그냥 집에서 방치된 상태였다. 마트에서 캐셔를 하는 엄마는 아침 일찍 출근하면 밤늦게 돌아오는 날이 많았다. 밤이 되어 돌아와도 파김치가 된 엄마 민희에게 윤주는 그저 성가신 존재에 불과했다. 사실 민희라고 왜 하나밖에 없는 딸 윤주에게 잘해주고 싶지 않겠냐마는 현실이 녹녹지 않았다. 윤주에게 친아빠는 그저 엄마에게 고함만 지르는 그런 무서운 존재였다. 가끔 잘해준 기억도 있다. 엄마 몰래 바람을 피우기 위해 집에 낯선 아주머니랑 같이 온 적이 1주일에 2~3번은 되었는데 그 사실을 엄마한테 얘기하지 말라며 어린 윤주에게 5천 원짜리 한 장씩을 쥐여주곤 했다. 방문을 잠근 채 방안에서 몇 번의 신음이 들리곤 했다. 사실 5천 원을 주면서 밖에 나가 1시간 동안 맛있는 것 사 먹으라고 했지만 힘겹게 고생하는 엄마를 위해 차마 그 돈을 쓸 수가 없어서 그냥 집 밖으로 나가는 척하다가 이내 몰래 집안으로 들어와 숨어있곤 했다. 어린 윤주에게 방안에서 들리는 신음은 평소 엄마한테 대하던 그런 아빠의 목소리와는 너무나 달랐다. 그리고 그 낯선 아줌마의 비음 섞인 소리가 계속 귓전에 맴돌았다. 뭔지는 모르지만 분명 엄청 좋은 일이 벌어지고 있다는 생각이 들었다. 그렇게 다정스럽게 얘기하는 아빠였는지 어린 윤주는 자신의 귀를 의심했다. 그렇게 한 참의 시간이 지난 후 아빠와 그 아줌마는 손을 붙잡고 현관문을 열고 밖으로 나가는 소리가 들렸다. 윤주는 차마 엄마에게 그 사실을 얘기할 수 없었다. 뭔지는 몰랐지만, 그 일을 엄마한테 얘기하면 분명 큰일이 일어날 것 같다는 불안한 생각이 들었다. 그렇게 어린 윤주는 가슴 졸이며 하루하루를 보냈다.

그러던 어느 날, 갑자기 마트에 일하러 간 엄마가 너무 몸이 좋지 않다며 집에 돌아왔다. 윤주는 현관을 나와 도로변에서 우두커니 앉아있던 상황이었다.

"윤주야, 너 왜 이러고 있어? 아! 코로나여서 학교에 가지 않았지? 아빠는?"

순간 윤주는 머리가 아찔했다. 지금 집안에는 아빠랑 낯선 아줌마가 뭔지는 몰라도 큰일을 벌이고 있는데 이제 전쟁이 일어날 것 같은 두려운 분위기가 엄습하고 있음을 어린 윤주는 직감하게 되었다.

"그래 이 새끼야! 이제 갈라서자! 너 같은 놈은 필요 없어! 그래! 이 거지 같은 새끼랑 잘 살아라! 나한테 이놈은 필요 없어! 너 가져라!"

그것이 아빠를 본 마지막이었다. 그날은 아빠가 윤주한테 처음으로 만 원을 준 날이었다. 그렇게 아빠는 사라졌고 한동안 엄마랑 둘이 지냈는데, 그런 엄마가 얼마 지나지 않아서 낯선 아저씨를 새아빠라고 소개한 것이다.

윤주는 너무나 혼란스러웠다. 엄마에게도 이미 새아빠라는 사람이 벌써 있었다는 것인지 어린 윤주로서는 너무나 모든 것이 힘겹기만 했다.

윤주는 방안에 갇혀서 며칠을 굶다가 이렇게 하면 죽을 것만 같았다. 어떻게 해서든지 이곳을 탈출해서 밖을 나가야만 했다. 새아빠가 소주를 진탕 마시고 방에 뻗어있는 틈을 이용해 윤주는 탈출을 감행하기로 했다. 온몸에 피멍이 들고 눈을 제대로 뜰 수 없을 정도로 새아빠에게 구타를 당해 정신이 없었기에 신발을 신을 겨를도 없이 밖을 빠져나왔다.

"아주머니, 저 좀 구해주세요. 저 너무 무서워요!!"

그렇게 윤주는 편의점 아줌마한테 살려달라는 말과 함께 그 자리에서 쓰러지고 말았다. 윤주의 엄마 민희가 마트 일하러 가고 나면 언제나 오히려 친엄마보다 더 잘해주신 편의점 아줌마 미자였기에 세상에 믿을 사람은 그 아줌마밖에 없었다.

”윤주야!!! 윤주야!! 아니다, 112 신고부터 해야지! 경찰서죠? 여기 아이가 다 죽어가요. 살려주세요!“

사이렌과 함께 경찰관이 쏜살같이 달려왔다. 어린 윤주의 눈에 어렴풋하게 비치는 경찰 민혁의 목소리가 마치 하늘나라에서 온 천사의 목소리처럼 감미롭게 들렸다.

”얘야, 괜찮아? 정신 차려!! 이제 아무런 걱정하지마!! 아저씨가 도와줄게!“

제복을 입은 경찰관 아저씨의 따사로운 손길이 어린 윤주에게는 세상 그 무엇과도 바꿀 수 없는 포근함으로 느껴졌다. 세상에 모든 남자가 무섭게만 느껴졌는데 왠지 어린 윤주에게 이 경찰관 아저씨만큼은 자신을 지키고 보호해줄 수호천사로 느껴진 것이다. 아무런 걱정을 말라는 그 말이 반 정신을 잃은 윤주에게는 어릴 때 엄마가 들려주던 자장가처럼 감미로웠다.

그렇게 어린 윤주는 경찰관 아저씨 민혁의 품에 안겨 조용히 눈을 감고 말았다. 아직 어린 9살 윤주에게는 이 세상의 고통이 너무나 견디기 힘든 가혹한 삶이었나보다. 피지도 못하고 져버린 어린 윤주에게 과연 세상은 무엇을 해줬는지...

"엄마, 나 돌이 동산 가서 맘껏 놀아보고 싶어 TV에서 본 에버랜드 꼭 한번 가보고 싶어!"

어린 윤주는 엄마, 아빠 손을 잡고 놀이동산 한 번 가보는 것이 소원이었다. 하지만, 어린 윤주에게는 그 놀이동산 한 번 가보는 것이 너무나 큰 사치였나 보다.

싸늘하게 식어가는 어린 윤주를 품에 안은 채 경찰관 민혁은 한참을 엉엉 목놓아 울었다. 의사는 아니지만 이미 직감하기에 어린 윤주의 불꽃이 서서히 식어가고 있음을 눈치챘기 때문이다.

"아가, 조금만 참아! 이제 괜찮아! 괜찮을 거야!"

그렇게 어린 아기천사 윤주는 무지개다리를 건너 머나먼 곳으로 떠나고 말았다.

경찰관 민혁은 아무것도 해줄 수 없는 자신에게 너무나 화가 났다. 정의를 위해 경찰관이 되었는데 아직도 사회에는 너무나 많은 부조리와 불공정이 팽배하고 가진 자들이 더 많은 것을 갖기 위해 불의를 저지르는 현실, 그리고 양극화로 인해 사각지대에 놓인 이러한 윤주와 같은 어린 친구들에게 과연 사회와 정부는 무엇을 하고 있는지 멍하니 하늘을 바라보며 흐르는 눈물을 애써 감추고 있었다. 저 파란 하늘 끝에는 또 다른 희망이 있을까? 너무나 일찍 져버린 윤주를 위해 민혁은 조용히 기도를 드린다.

라면 형제, 더 이상 아픔이 없기를...

미숙은 사실 또래 친구들과 비교하면 일찍 결혼했다. 결혼이라기보다는 거의 동거에 가깝게 결혼 생활이 시작되었다. 남편을 알게 된 것은 나이트클럽에서 춤을 추면서이다. 허우대가 멀쩡하고 달콤한 말로 미숙을 유혹해서 미숙은 나이트클럽에서 처음 본 순간 사랑에 빠지게 되었다. 짙은 눈썹에 부리부리한 눈매, 오뚝한 콧날은 미숙의 마음을 사로잡기에 충분했다. 게다가 화려한 언변술로 다소 과장된 표현은 있긴 했지만, 호감형의 말투는 다소 삶에 지친 미숙의 삶에 단비처럼 느껴졌다. 사실 미숙은 상고를 졸업한 후 변변한 직장 없이 아르바이트하며 겨우 생계를 유지하는 정도였다. 백화점 아르바이트를 하면서 자신이 겪은 일상적인 행동들은 적잖이 아픔이 되었다. 이제는 어느 정도 익숙해졌다 싶다가도 갑질을 하는 고객들에게 싫은 소리라도 들을라치면 그날 밤은 잠을 이루지 못한다. 게다가 심지어 자신의 잘못도 아닌데도 무조건 고객이 왕이라는 잘못된 생각에 사과를 한 적이 한두 번이 아니다. 그렇게 힘들어 잠시 술 한잔 마시고 춤추자는 생각에 들렀던 나이트클럽에서 이상형을 만나리라고는 상상도 못 했다.

그렇게 둘은 급속도로 관계가 진전되어 사랑에 빠졌고 첫째와 둘째를 낳게 되었다. 하지만 현재의 고통을 피하기 위한 도피처로 생각한 동거는 그렇게 호락호락하지 않았다. 변변한 직장 없이 나이트클럽을 전전하는 남편 민호에게 가정이라는 것은 어쩌면 귀찮은 존재였는지도 모른다. 정부에서 주는 보조금과 고등학교 때부터 아르바이트하면서 모아둔 돈도 이제 바닥이 나고 게다가 산후우울증까지 아직 완치되지 않아 그녀에게는 삶이 너무나 힘겹고 버겁다. 게다가 최근 코로나로 일자리마저 잃어버리고 경제 상황이 악화하자 남편은 한 달째 집을 들어오고 있지 않다.

따뜻한 가정을 이루고 싶었지만, 그녀에게는 사치였는지도 모른다. 남자를 만나서 사랑을 나누고 위로를 받고 싶었는데 이제는 혹처럼 느껴지는 2명의 아들만 남겨둔 채 홀연히 사라져버린 민호에 대한 원망과 증오가 하루에도 수천 번 밀려온다.

사건이 일어난 그 날, 미숙은 아들 준석과 준기를 집에 남겨둔 채 밖에 바람을 쐬러 나갔다. 코로나로 모든 활동이 중단된 상황에서 온종일 집에만 있기가 답답해서 어린 자녀들을 집에 내버려 두다시피 한 채 자기 혼자 친구들을 만나러 밖에 나간 것이다. 사실 나가기 전에도 작은아들 준기는 장난감을 사달라고 계속 엄마한테 보채는 중이었다. 급기야 이성을 잃은 미숙은 준기에게 해서는 안 될 험한 말과 폭언을 내뱉으며 남편이 떠나버린 빈자리에 대해 속상함을 애꿎은 아이들에게 화풀이하다시피 구타를 하고 있었다. 손에 잡히는 옷걸이를 집어던지고 가혹하게 회초리를 가하면서 나름 카타르시스를 느끼고 있었던 것이었다. 게다가 말리는 큰아들 준석이 더 얄미워서 큰아들에게까지 손찌검하며 오늘 점심은 없다고 고래고래 고함을 지른 후 집을 나섰다. 사실 큰아들은 주의력 결핍 과다행동 장애(ADHD)를 앓고 있으므로 더더욱 손이 많이 가는 상황이다. 큰아들을 보고 있으면 미숙의 가슴은 타들어 가고 결국 말로 하다가 급기야 손으로 큰아들을 윽박지르게 되는 것이다. 잠시라도 가만히 있지 못하는 큰아들이 마치 삶에 안정을 찾지 못하고 방황하는 남편에 투영되어 더더욱 보기가 싫었다. 엄마 미숙에게 대드는 큰아들 준석이 죽도록 밉고 싫었다. 왜 자기한테만 이렇게 불행이 계속해서 일어나는지 이해할 수가 없었다. 어떻게 보면 코로나만 아니면 그나마 남편이 다니던 호프집 아르바이트도 그대로 했을 테고 그러면 생활이 지금처럼 궁핍하지 않았을 것이다. 생활이 조금이나마 여유가 된다면 굳이 남편이 이렇게 가정을 버리고 나갔을까 많은 생각이 들었다.

코로나는 한 집안의 평화를 송두리째 앗아버리고 말았다. 사실 코로나가 있기 전도 그렇게 행복한 가정생활을 아니었지만 그래도 4식구 한 집에서 밥을 먹고 살 정도는 되었다. 하지만 코로나가 터지면서 미숙이 하던 식당 아르바이트도 잘리고 남편이 다니던 호프집 아르바이트도 순식간에 잘리고 말았다. 5인 이상 모임을 금지하고 저녁 영업을 9시로 제한함에 따라서 긴 시간 함께 했던 사장님이 더 함께할 수 없다고 처음에는 미숙에게 해고통보를 했고 나중에는 남편 민호마저 직장을 잃고 말았다. 남편 역시 공고를 졸업하고 번듯한 기술 하나 배우지 못하고 아르바이트로만 전전해서 아직 그럴싸한 직장이 없다. 배운 게 도둑질이라고 허우대가 멀쩡해서 젊은 시절부터 호프집에서 아르바이트했는데 그것이 지금까지 이어지고 있다. 곱상한 외모에 화려한 언변은 손님들에게는 언제나 인기였고 술 취한 손님들은 남편에게 곧장 팁을 주곤 했기 때문이다. 어떤 달은 남편이 받아오는 아르바이트비보다 손님들이 주는 팁이 더 많던 시절도 있었다. 하지만, 첫째를 낳고 큰아이가 남들과 좀 다른 행동 양상을 보이면서 남편은 조금씩 흔들리기 시작했다. 미숙과 정식 결혼을 해서 양가 부모님들을 모시고 한 결혼 생활을 아니었지만 그래도 동거를 하면서 행복한 적도 있었고 나름대로 최선을 다한 것 같았는데 첫째를 낳고서는 오히려 둘의 관계가 서먹해진 것 같았다. 하지만 어느 날 만취해서 돌아온 남편 민호는 자신의 욕정과 본능에 이끌려 미숙과 잠자리를 한 후 둘째를 갖게 된 것이다. 그리고는 또 한동안 나름 평행선인 관계가 조금 사랑으로 향하는 시간이 지속하였다. 그렇게 저렇게 시간은 흘러갔고 아이들도 어느새 초등학생이 되었다. 하지만 이러한 짧은 행복과 평화가 그리 오래 가지는 않았다. 마치 외줄 타기를 외듯 위태위태하던 미숙의 가정생활이 코로나로 완전히 무너진 것이다. 물론 아기를 낳고 난 이후 급격하게 불어난 체중과 육아에 지쳐 우울증이 오긴 했지만 그래도 경제적으로 완전히 쪼들리지 않았기에 그나마 버틸 수 있었는데 돈이 궁핍해지자 남편은 이전보다 훨씬 더 짜증을 내면서 심지어 잔소리하는 아내 미숙에게 폭언과 함께 손찌검까지 하는 사태가 빚어졌다. 그러던 어느 날, 남편은 홀연히 가정을 버리고 사라져버린 것이다. 떠나간 남편이 돌아오기만 하염없이 기다리다가 미숙은 어느새 아이들은 뒷전이고 하루가 멀다고 강소주로 외로움을 달래고 있다. 그리고는 말을 듣지 않는다는 이유로 큰아이와 작은 아이에게 화풀이를 하는 것이다.

동거를 시작하고 미숙의 엄마가 집으로 찾아왔다. 동거하는 딸 미숙의 궁핍한 생활을 보고 엄마는 가슴이 찢어지는 듯했다. 마치 자신의 삶과 같은 삶을 살아가고 있는 어린 딸의 모습이 너무나 처참하게 느껴졌다. 하지만, 당장 집에 데리고 간들 묘책이 없었기에 엄마는 하염없이 딸 미숙의 손을 붙잡고 한참을 울기만 하고는 이내 집을 나섰다. 떠나가는 엄마한테 계속 자신의 본심과는 다르게 악담만 퍼부었다.

“엄마, 엄마가 나한테 해준 게 뭐야! 날 왜 낳았어? 나도 남들처럼 일반고 가서 대학교 가고 싶었는데 왜 엄마는 나를 상고에 보낸 거야? 나도 열심히 공부해서 번듯한 직장 가지고 싶었다고.. 허구헌날 아빠랑 싸우고 가출하는 엄마를 보면서 내가 무슨 생각든 줄 알아? 이 지옥 같은 집구석 탈출하는 게 내가 살 길이라고 생각했어!! ”

"그래, 다 엄마가 부족해서 그렇다! 엄마가 잘못했어! 그런데 이년아!!

상고 가서도 은행 취직한 애들도 많은데 학교 다닐 때부터 남자랑 눈맞아서 가출하고 인제 와서 엄마 탓이나 하고! 다 너 팔자니까 그래 이렇게 살아라!! 그리고 나이 들면 어미 마음 이해할 거다!"

얼굴에 피가 나고 손에 상처가 나고 온몸에 멍든 채 두 형제는 덩그러니 방에 뒹굴고 있었다. 집을 나가면서 엄마가 아무런 반찬이나 밥을 해놓지 않았기에 두 형제가 할 수 있는 것이라고는 찬장 한쪽에 방치된 라면을 꺼내어 끓여 먹는 수밖에 없었다. 하지만 준석에게는 아직 라면을 끓여 먹는 일이 낯설기만 하다. 사실 동생을 돌보지 않으면 상관이 없는데 라면 불을 가스레인지에 올려놓고 피가 나는 동생에게 약을 발라주는 사이 가스레인지의 물이 펄펄 끓어 흘러넘치고 있었다. 재빨리 불을 끈다고는 했지만 끓어 넘친 냄비의 물이 급기야 준석의 다리에 쏟아지고 말았다. 게다가 가스레인지 옆에 두었던 라면 봉지에 불이 붙어서 어느새 부엌은 연기 더미로 앞이 보이지 않을 정도가 되었다.

미숙의 친정엄마 정희가 만일 이 집에 들러질 않았다면 준석과 준기는 어쩌면 무지개다리를 벌써 건넜을지도 모른다. 자식이 워

수라고 정희는 우울증을 앓고 있는 미숙을 대신해서 하루가 멀다고 집에 와서 손주들을 돌봐주곤 한다. 사실 이날도 계모임이 있어서 오지 않으려고 하다가 불현듯 간밤 꿈자리가 사나워서 방문하게 된 것이다. 집에 연기가 가득하고 불이 이글거리는 가운데 외할머니 정희는 자신의 위험을 무릅쓰고 불길로 뛰어들었다.

"이년아! 어디서 뭘 하고 자식새끼 밥도 해먹이지 않고 이렇게 불구덩이에 떠밀었어?!! 그러고도 너 년이 인간이야? 밥을 처먹으니 인간이지 그러고도 네가 어미냐고!! 금쪽같은 내 새끼 이제 어찌할 거야!! 아이고 천지신명님, 박복한 이년 데려가고 내 새끼들은 제발 건드리지 말아요!"

공허한 메아리만이 병원 입구에 울려 퍼질 뿐 준석과 준기는 아직 사경을 헤매고 있다. 어쩌면 이제 사랑하는 두 아들을 볼 수 없다는 생각에 미숙도 땅바닥에 주저앉고 말았다. 이렇게 지긋지긋하고 고통스러운 상황이 하루빨리 끝나기만을 간절히 바랄 뿐이었다.

귀에서 환청인지 뭔지 웅성웅성 들리는 소리!

"저년이 죽을 년이야! 제 새끼 사지에 몰아넣고 하루가 멀다 하고 때리더니 결국은 죽게 만든 년이지! 저런 년은 감방에 처넣는 것도 아까워! 콩밥도 아깝지!"

그저 망상이고 환상이고 환청이기만을 바라지만 이내 모든 것들이 귓전에 생생하게 들리는 소리임을 알게 되었다. 오늘따라 밤공기가 더욱더 을씨년스럽게 느껴진다. 이제 미숙에게 닥쳐올 고통과 사람들의 손가락질, 그리고 무엇보다 열 달 배 아파 낳아서 10년 가까이 기른 자식들이 어쩌면 이제는 자기 옆에 없을지도 모른다는 무서움과 공포가 엄습해오기 시작했다.

인생!
그냥 사는 거야!

1판1쇄 2022년 9월 26일

저자 전설
발행인 이경화

발행처 디자인21
주소 04560 서울특별시 중구 퇴계로 293-1 3층
전화 02-2269-6561(대)
팩스 02-2269-6568
e-mail 21publish@naver.com

등록번호 제1-1128호
등록일자 1991.2.12

ISBN 978-89-6131-095-6 03810

정가 12,000원

http://21publish.co.kr/
https://blog.naver.com/publish21